绿色梦想“121”行动

——国家粮食安全与农业绿色发展新构想

张福锁◎主编

中国农业大学出版社

·北京·

内容简介

本书是一部面向新时代农业绿色高质量发展的战略宣言和行动指南。全书紧扣全球粮食安全、资源高效利用与生态环境保护面临的重大挑战，聚焦中国农业绿色转型需求，系统提出在生产实践中“发现问题 – 理论创新 – 技术突破 – 产品创制 – 模式创新与应用”五位一体的战略构想和行动规划。“121”行动以农业绿色转型实战场景为战场，涵盖根际生命共同体理论创新、绿色高产高效技术突破、绿色智能肥料产品创新与产业升级及农业绿色转型路径与区域实现等核心内容；以“绿色吨半粮”创建为抓手，系统推进全国绿色增粮行动，构建多学科交叉创新人才培养模式与教育科技人才一体化发展模式，旨在变革农业科研范式、人才培养模式、技术创新与应用模式，以及农业高等教育改革，培育农业新质生产力，推动国家粮食安全、资源高效与环境友好协同实现，为全球农业可持续发展提供“中国方案”。

本书立足国家重大战略需求，瞄准粮食安全与农业绿色发展交叉前沿，适合作为农业资源与环境、农业绿色发展科学与工程、农学、动植物生产与生态学、环境科学等学科交叉领域的科研人员、高校师生、“三农”工作者，以及我国涉农政策制定与技术推广等政府部门人员的参考用书。

图书在版编目（CIP）数据

绿色梦想“121”行动：国家粮食安全与农业绿色发展新构想 / 张福锁主编. -- 北京：中国农业大学出版社，2025. 7. -- ISBN 978-7-5655-3517-8

Ⅰ. F326.11；F323

中国国家版本馆 CIP 数据核字第 2025BN5620 号

审图号：GS 京（2025）1220 号

书　名　绿色梦想“121”行动——国家粮食安全与农业绿色发展新构想
Lüse Mengxiang “121” Xingdong
——Guojia Liangshi Anquan yu Nongye Lüse Fazhan Xingouxiang

作　者　张福锁　主编

策划编辑　刘耀华　赵　艳　　**责任编辑**　赵　艳　蔡恩嘉
封面设计　东方视点
出版发行　中国农业大学出版社
社　　址　北京市海淀区圆明园西路 2 号　　**邮政编码**　100193
电　　话　发行部 010-62818525，8625　　读者服务部 010-62732336
编辑部 010-62732617，2618　　出　版　部 010-62733440
网　　址　http://www.caupress.cn　　**E-mail**　cbsszs@cau.edu.cn
经　　销　新华书店
印　　刷　涿州市星河印刷有限公司
版　　次　2025 年 7 月第 1 版　　2025 年 7 月第 1 次印刷
规　　格　170 mm × 240 mm　　16 开本　　9 印张　　99 千字
定　　价　68.00 元

编写人员

主编 张福锁 中国农业大学

参编

申建波	中国农业大学	黄成东	中国农业大学
陈新平	中国农业大学	吕　阳	中国农业大学
侯　勇	中国农业大学	金可默	中国农业大学
丛汶峰	中国农业大学	宁　鹏	中国农业大学
贾中涛	中国农业大学	营　浩	中国农业大学
许　稳	中国农业大学	焦小强	中国农业大学
张　林	中国农业大学	徐玖亮	中国农业大学
孟庆锋	中国农业大学	安志超	中国农业大学
米国华	中国农业大学	王建超	中国农业大学
张俊伶	中国农业大学	鲁振亚	中国农业大学
程凌云	中国农业大学	沙　野	中国农业大学
马文奇	河北农业大学	代贵超	中国农业大学
危常州	石河子大学	霍跃文	中国农业大学
朱齐超	中国农业大学	徐俊平	中国农业大学
陈永亮	中国农业大学	郝展宏	中国农业大学
王光州	中国农业大学	任衍齐	中国农业大学
田　静	中国农业大学	李雅楠	中国农业大学
袁会敏	中国农业大学		

前　言

当今世界正经历百年未有之大变局，协同实现粮食安全、资源高效和环境保护成为全球可持续发展的根本性难题。尽管联合国启动了2015—2030年可持续发展议程，设立了17项可持续发展目标（Sustainable Development Goals，SDGs），但总体进展缓慢，面临推进乏力、成果滞后的严峻现实。我国作为世界农业大国，也面临资源紧缺、投入多、效率低、成本高、环境代价大等多重挑战。西方发达国家“环境优先”的集约化农业发展道路不适合中国等发展中国家，亟须探索一条符合国情、引领未来的农业绿色转型发展之路。

在此背景下，中国农业大学国家农业绿色发展研究院组织全国力量系统设计并提出了绿色梦想“121”行动。该行动立足生产一线，以根际生命共同体理论创新为基石，突破绿色高产高效技术和绿色智能肥料产品，旨在实现区域农业绿色转型。绿色梦想“121”行动涵盖相互支撑且相辅相成的四大行动主题。在理论体系构建方面，根际生命共同体理论聚焦“植物－土壤－微生物”多界面互作机制系统研究，为关键技术与产品创新提供理论支撑。技术体系研发锚定高产群体智慧构建、根际生命共同体调控技术、土壤健康培育技术三大要素，构建覆盖农业生产全周期的智慧精准管控整装技术体系。绿色智能肥料创制突破学科交叉融合壁垒，整合生物技术、材料科学和信息技术核心要素，研发养分高效利用与污染协同防控的创新产品，充分挖掘植物－土壤－微生物相互作用的生物学潜力，同步实现作物高产优质、农业化学品减量增效、环境代价最小化和农业生态系统服务功能最大化。在区域农业绿色转型方面，依托国家农业绿色发展区域分中心、全国协作网等多维创新平台，同步推进模式创新与机制探索，创新建立以科技小院为核心的政产学研用协同创新应用范式，形成可复制、可推广的区域农业绿色发展新模式。

本书深入剖析了农业绿色转型的核心问题与破解路径，系统阐述了绿色梦想“121”行动的前沿问题、关键挑战、创新突破与成功案例。展望未来，该行动将以创建全国“绿色吨半粮”工程为抓手，重塑农业教育生态，变革农业科研范式，创新人才培养模式，构建跨学科协同攻关和零距离技术推广机制，推动教育科技人才一体化发展，培育农业新质生产力，推动粮食安全、资源高效和环境友好多目标的协同实现。

绿色梦想“121”行动不仅为我国农业绿色发展的系统性变革提供战略指南，也为全球农业可持续发展贡献中国智慧与中国方案。

编　者

2025 年 6 月 10 日

目录 Contents

“121”行动的时代背景与重大意义

——习近平总书记的重要论述

一、生态文明

★ 必须坚持好人与自然和谐共生、绿水青山就是金山银山、良好生态环境是最普惠的民生福祉、山水林田湖草是生命共同体、用最严格制度最严密法治保护生态环境、共谋全球生态文明建设的原则。（2018 年 5 月习近平总书记在全国生态环境保护大会上的讲话）

★ 山水林田湖草沙是不可分割的生态系统。（2021 年 4 月习近平总书记在“领导人气候峰会”上的讲话）

★ 我国现代化是人与自然和谐共生的现代化，注重同步推进物质文明建设和生态文明建设。（2021 年 5 月习近平总书记在中共中央政治局第二十九次集体学习时的指示）

★ 必须牢固树立和践行绿水青山就是金山银山的理念，站在人与自然和谐共生的高度谋划发展。（2022 年 10 月习近平总书记在中国共产党第二十次全国代表大会上的报告）

★ 生态文明建设是关系中华民族永续发展的根本大计，是关系党的使命宗旨的重大政治问题，是关系民生福祉的重大社会问题。（2023 年 8 月习近平总书记在首个全国生态日到来之际作出的指示）

二、粮食安全

★ 粮食安全是"国之大者"，耕地是粮食生产的命根子。（2023年7月习近平总书记在中央财经委员会第二次会议上的讲话）

★ 保障粮食和重要农产品稳定安全供给始终是建设农业强国的头等大事。只有把牢粮食安全主动权，才能把稳强国复兴主动权。（2023年3月《求是》杂志发表习近平总书记重要文章《加快建设农业强国 推进农业农村现代化》）

★ 保障粮食安全是一个永恒的课题，任何时候都不能放松。（2013年11月习近平总书记在山东考察时的讲话）

★ 必须实施以我为主、立足国内、确保产能、适度进口、科技支撑的国家粮食安全战略。（2013年12月中央经济工作会议内容）

★ 全方位夯实粮食安全根基，全面落实粮食安全党政同责，牢牢守住十八亿亩耕地红线。（2022年10月习近平总书记在中国共产党第二十次全国代表大会上的报告）

★ 确保中国人的饭碗牢牢端在自己手中。（2020年10月习近平总书记在中国共产党第二十次全国代表大会上的报告）

三、农业绿色发展

★ 推动形成绿色发展方式和生活方式，是发展观的一场深刻革命。（2017年5月习近平总书记在十八届中央政治局第四十一次集体学习时的讲话）

★ 绿色发展是生态文明建设的必然要求。（2016年5月习近平总书记在全国科技创新大会、两院院士大会、中国科协第九次全国代表大会上的讲话）

★ 生态兴则文明兴，生态衰则文明衰。（2013年5月习近平总书记在十八届中央政治局第六次集体学习时的讲话）

★ 建设生态文明关乎人类未来。（2015年9月习近平总书记在第七十届联合国大会一般性辩论时的讲话）

★ 推进农业绿色发展是农业发展观的一场深刻革命。（2017年7月中央全面深化改革领导小组第三十七次会议内容）

★ 加快经济社会发展全面绿色转型。（2024年12月中共中央政治局会议内容）

★ 绿色低碳发展是经济社会发展全面转型的复杂工程和长期任务。（2022年5月《求是》杂志发表习近平总书记重要文章《正确认识和把握我国发展重大理论和实践问题》）

★ 推动经济社会发展绿色化、低碳化是实现高质量发展的关键环节。（2022年10月习近平总书记在中国共产党第二十次全国代表大会上的报告）

★ 绿水青山就是金山银山。（2013年9月习近平总书记在哈萨克斯坦纳扎尔巴耶夫大学回答学生问题时指出）

★ 要推进美丽中国建设，坚持山水林田湖草沙一体化保护和系统治理，统筹产业结构调整、污染治理、生态保护、应对气候变化，协同推进降碳、减污、扩绿、增长，推进生态优先、节约集约、绿色低碳发展。（2022年10月习近平总书记在中国共产党第二十次全国代表大会上的报告）

★ 绿色发展有助于构建全球生态新秩序，更好服务全球生态安全。（2017年1月新华网报道“以绿色发展理念推进生态文明建设”）

四、新质生产力

★ 绿色发展是高质量发展的底色，新质生产力本身就是绿色生产力。（2024 年 1 月习近平总书记在中共中央政治局第十一次集体学习时的指示）

★ 扎实推动科技创新和产业创新深度融合，助力发展新质生产力。（2024 年 6 月习近平总书记在全国科技大会、国家科学技术奖励大会、两院院士大会上的讲话）

★ 新质生产力主要由技术革命性突破催生而成。（2024 年 5 月《求是》杂志发表习近平总书记重要文章《发展新质生产力是推动高质量发展的内在要求和重要着力点》）

★ 加强基础研究和应用基础研究，打好关键核心技术攻坚战，培育发展新质生产力的新动能。（2024 年 3 月习近平总书记在看望参加政协会议的民革科技界、环境资源界委员时的指示）

★ 要围绕产业链部署创新链、围绕创新链布局产业链，推动经济高质量发展迈出更大步伐 。（2020 年 4 月习近平总书记在陕西考察时的指示）

五、教育科技人才一体化

★ 教育、科技、人才是中国式现代化的基础性、战略性支撑。（2024 年 7 月中国共产党第二十届中央委员会第三次全体会议内容）

★ 科技创新靠人才，人才培养靠教育。（2024 年 6 月习近平总书记在全国科技大会、国家科学技术奖励大会、两院院士大会上的讲话）

★ 统筹实施科教兴国战略、人才强国战略、创新驱动发展战略，一体推进教育发展、科技创新、人才培养。（2024 年 9 月习近平总书记在全国教育大会上的讲话）

★ 建设教育强国、科技强国、人才强国具有内在一致性和相互支撑性，要把三者有机结合起来、一体统筹推进，形成推动高质量发展的倍增效应。（2023 年 5 月习近平总书记在中共中央政治局第五次集体学习时的指示）

★ 科技是第一生产力、人才是第一资源、创新是第一动力。（2022 年 10 月习近平总书记在中国共产党第二十次全国代表大会上的报告）

★ 统筹推进教育科技人才体制机制一体改革，健全新型举国体制，提升国家创新体系整体效能。（2024 年 7 月中国共产党第二十届中央委员会第三次全体会议内容）

★ 坚持人才引领发展的战略地位。（2021 年 9 月习近平总书记在中央人才工作会议上的指示）

★ 希望同学们志存高远、脚踏实地，把课堂学习和乡村实践紧密结合起来，厚植爱农情怀，练就兴农本领，在乡村振兴的大舞台上建功立业，为加快推进农业农村现代化、全面建设社会主义现代化国家贡献青春力量。（2023 年 5 月 1 日习近平总书记给中国农业大学科技小院的同学们的回信）

1 引言：问题与挑战

如何同时实现粮食安全、资源高效、环境友好是亟待破解的世界性难题。在全球化浪潮下，粮食安全危机加剧、人口持续高速增长、资源供需矛盾激化与气候变化冲击等多重挑战相互交织，推动可持续发展已成为全球广泛共识。2015 年 9 月 25 日，联合国可持续发展峰会在纽约总部召开，正式通过《改变我们的世界：2030 年可持续发展议程》纲领性文件，设置 17 项可持续发展目标和 169 项具体目标（图 1-1），旨在通过系统性战略规划，在 2015—2030 年协同破解社会、经济和环境三大维度的发展困局，全面开启全球可持续发展新征程。然而，现实进展却不容乐观。根据联合国发布的《2024 年可持续发展目标报告》，截至目前，17 项可持续发

图 1-1 联合国可持续发展目标

（改自 https://sdgs.un.org）

展目标中仅有 17% 保持稳健推进，近半数目标处于进展缓慢或一般性推进状态，更有超过 1/3 的目标出现发展停滞甚至逆向倒退。随着 2030 年可持续发展“行动十年”进入五年倒计时的关键节点，如何在世界格局深刻转型的复杂背景下突破发展瓶颈，推动全球可持续发展目标落地实施，探索出一条绿色可持续发展新路已成为新时期推进强国建设和国家发展的重大命题。

1.1 粮食安全、资源高效与生态环境安全是世界农业可持续发展的根本性难题

农业作为人类文明的起源与存续之本，不仅是维系全球粮食安全的核心命脉，更是构筑社会经济发展的坚固基石，其发展轨迹与全球可持续发展进程息息相关。在联合国确立的 17 项可持续发展目标中，农业与其中 12 项深度关联，并被世界标杆联盟（World Benchmarking Alliance）纳入推动社会可持续发展的七大核心系统之一，充分印证农业可持续发展绝非孤立命题，而是贯穿社会经济可持续发展体系的关键支柱，对实现全球可持续发展目标具有不可替代的战略意义（图 1–2）。

在全球一体化与气候变化的双重影响下，当今世界正经历百年未有之大变局，现代农业发展遭遇前所未有的系统性挑战。联合国预测数据显示，到 2050 年全球人口数量将突破 98 亿，粮食需求总量将进一步增长 35% ～ 50%。然而，农业生产的资源消耗与环境代价已达到临界值：农业生产用水占全球淡水总消耗量的 70%、土地利用面积占比高达 30%；农业高度依赖工业化的化肥和农药生产，造成了全球 1/3 的耕地出现退化，贡献了全球 19% 的温室气体排放。在资源约束趋紧与生态环境压力加剧的双重倒逼下，如何平衡农业

产能提升与生态环境保护，构建高效、低碳、可持续的现代农业发展范式，已成为亟待破解的全球性难题。

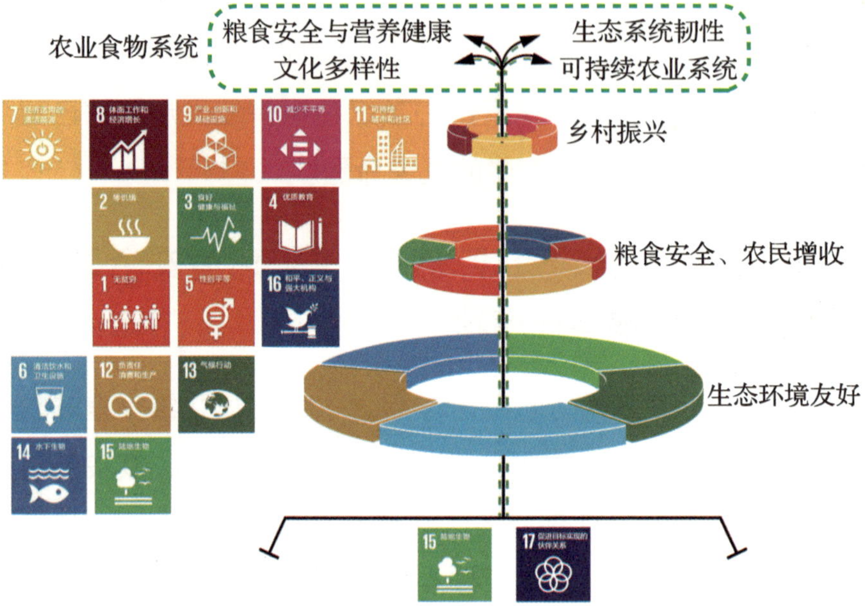

图 1-2　农业食物系统与可持续发展目标的关系

（改自 *TEEB for Agriculture & Food: Scientific and Economic Foundations Report*）

作为拥有 14 亿多人口的大国，我国农业的可持续发展不仅关乎民生福祉，更承载着保障全球近 1/5 人口粮食安全的重大使命。然而“大国小农”的经营格局与“人 – 地 – 水 – 粮”高度紧平衡的基本国情，始终制约着我国农业现代化进程。当前，我国以仅占世界 7% 的耕地、6% 的淡水资源，养活全球近 20% 的人口，这一巨大成就背后是长期高强度的资源投入。2023 年的数据显示，我国单位耕地面积化肥用量仍高达世界平均水平的 1.8 倍，华北地区地下水超采形成大面积漏斗区，长江流域农业面源污染治理任务依然严峻。随着经济快速发展、城镇化持续推进和人口老龄化加剧，我国粮食需求呈现刚性增长态势，同时消费者对优质绿色农产品的需求呈爆发式增长。在此背景下，中国农业既要在资源约束不断趋紧的条件下保障粮食稳定供给，又要满足日益增长的生态环境保护需求，这就要求必须通过科技创新与制度创新双轮驱动，实现农业产能提升与生态系统保护的协同发展。破解这一难题，需要统筹优化资源利用效率、维护生态系统服务功能、推动农业生产方式转型等多重目标，系统性重构传统农业发展模式，探索中国特色的农业可持续发展道路。

1.2 发达国家农业可持续发展方向与行动

近年来，农业可持续发展的内涵不断丰富，从早期单纯关注资源节约与环境保护，逐渐拓展到涵盖经济可行、社会公平等多元维度。生态农业、循环农业、生态集约化农业、有机农业等新型农业形态相继迭代演进，尽管技术路径存在差异，但均指向资源减量投入－物质闭环流动－环境负效应内化的核心逻辑，促进农业生产与资源环境的协同（图 1–3）。

在全球农业可持续发展的时代浪潮中，发达国家凭借技术与经济优势率先开启农业转型。美国依托广袤的耕地资源与强大的科技实力，走出以精准农业为核心的可持续发展道路。针对农业资源消耗大、环境污染重等问题，美国将卫星遥感、全球定位系统、大数据分析深度融入农业生产，实现播种、施肥、灌溉、病虫害防治的精准化操作。在中西部大平原，农场主借助精准农业技术，使化肥和农药使用量降低 20% ～ 30%，有效减少了对土壤和水体的污染。同时，美国大力推动有机农业发展，制定严格的有机认证标准，并建立起覆盖生产、加工、销售全链条的监管体系。随着有机农业用

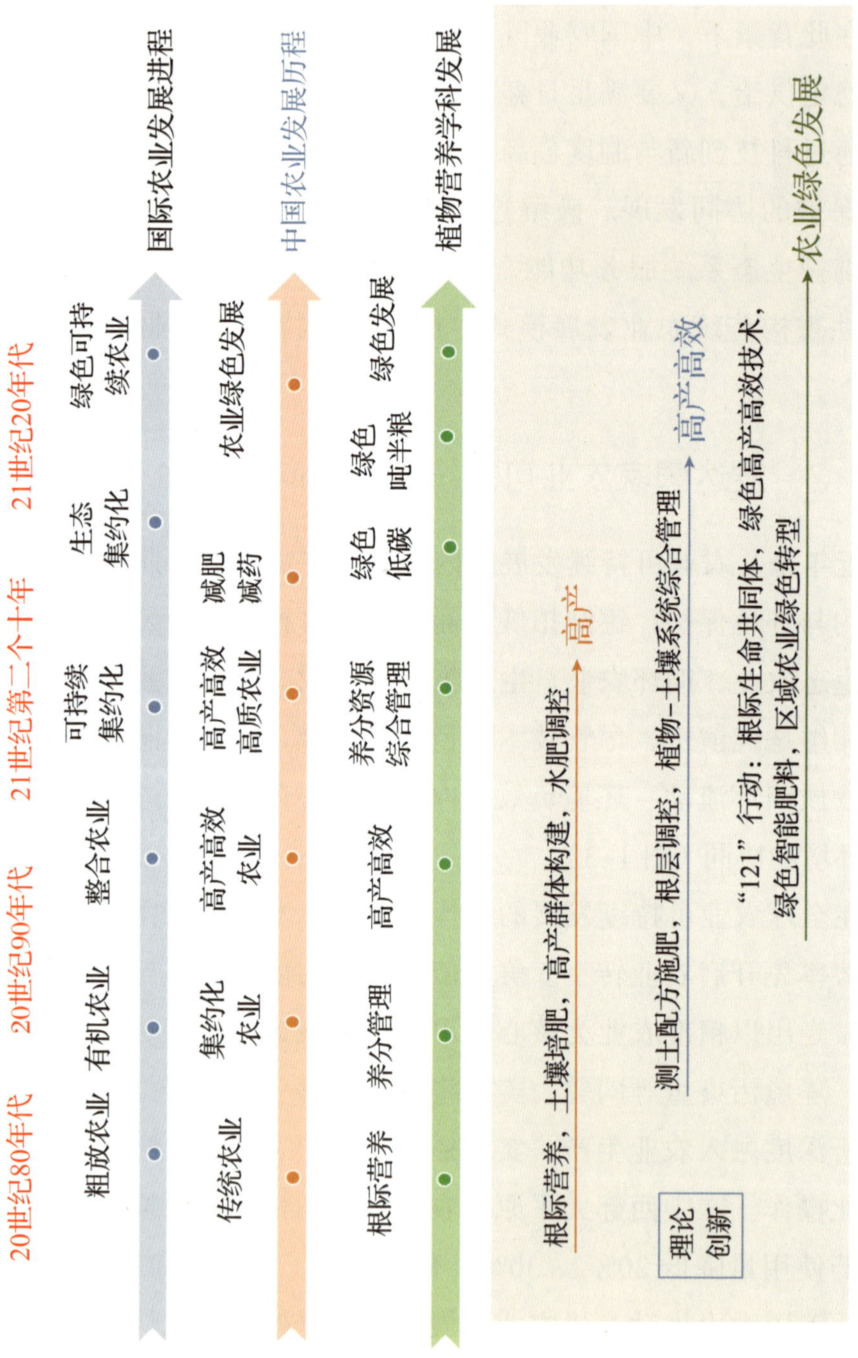

图 1-3 国内外农业发展历程与绿色梦想“121”行动的时代背景

地面积逐年递增，有机农产品产值持续增长，不仅满足了国内消费者对高品质农产品的需求，更在全球有机农产品市场占据重要地位，实现了经济效益与生态效益的双赢。

欧盟则以生态保护和多功能农业为核心理念，构建起特色鲜明的生态农业发展体系。通过对共同农业政策的深度改革，欧盟创新性地将农业补贴与环境保护、动物福利等可持续发展目标紧密绑定，以政策杠杆倒逼传统农业生产模式向绿色可持续转型。通过倡导和推广少耕、免耕、覆盖种植等保护性耕作技术，有效减少土壤侵蚀风险，显著提升土壤肥力和生物多样性。数据显示，以法国和德国等国家为代表的西方农业强国，超过半数的耕地采用保护性耕作模式。与此同时，欧盟积极建设农业生态补偿机制，通过设立专项基金，对参与生态保护项目的农民给予直接经济补偿。欧洲也是较早制定农业环境保护法规的地区，例如《硝酸盐法规》（*Nitrate Directive*，1991）针对农牧业氮污染制定了一系列强制性的法律法规，使农业氨排放显著下降。欧盟成员国初步形成农业生产与生态保护协同共进的良性循环，为全球农业可持续发展提供了环保优先的成功案例。

日本立足于人多地少资源禀赋的基本国情，以循环农业为核心发展战略，构建起覆盖农业生产、农产品加工及废弃物处理的全链条循环体系，探索出一条独具特色的精致化、循环化的农业可持续发展道路。在稻米主产区，农户将稻草加工成饲料、有机肥，实现农业废弃物资源化循环利用；在畜禽养殖领域，通过沼气发电、粪便堆肥等方式，将养殖废弃物转化为清洁能源和有机肥，形成物质能量循环利用的闭环。同时，日本注重发展生态农业，积极推广生物防治技术替代化学农药，鼓励用有机肥料替代化肥，致力于生产高品质、高附加值的农产品。此外，日本高度重视农业品牌建设，深度挖掘地域特色资源，打造具有鲜明地方印记的农产品品牌，显著提升农产品的市场竞争力与溢价空间，实现有限土地资源上经济价值与生态价值的双重提升，为资源约束型国家的农业发展提供了成功范例。

总体而言，在社会各界的共同努力下，国际农业可持续发展研究在多方面取得积极进展，发展理念、实践模式、政策支持体系不断完善，但仍面临诸多挑战，如技术推广成本高、部分发展中国家资源与能力有限等，未来需持续探索创新，推动全球农业向更可持续方向迈进。

1.3　中国农业绿色发展探索与行动

习近平总书记深刻指出，推进农业绿色发展是农业发展观的一场深刻革命，绿色发展是高质量发展的底色。中国这样的农业大国，必须以粮食安全为发展前提，牢固树立和践行“绿水青山就是金山银山”的理念，站在人与自然和谐共生的高度，谋划中国式的农业现代化建设。推进农业绿色发展，要强化前瞻性思维、开展全局性谋划、实施整体性推进，妥善处理农业发展和生态环境保护、粮食安全、农民增收的辩证关系，着力构建粮食安全有保障、资源利用效率高、环境友好可持续、农产品优质化、农民就业稳增收的新发展模式，形成与环境资源承载能力相匹配、生产生活生态相协调的现代化农业发展新格局。

农业绿色发展的核心内涵在于推动农业全产业链的系统性绿色转型，统筹实现粮食安全保障、资源高效利用、生态环境保护、人民营养健康等多重战略目标协同共进。自 2015 年绿色发展理念提出以来，我国持续深化农业绿色发展实践，相继出台《关于创新体制机制推进农业绿色发展的意见》（2017 年）等纲领性文件，制定并实施《到 2020 年化肥使用量零增长行动方案》《到 2025 年化肥减量化行动方案》和《国家黑土地保护工程实施方案（2021—2025 年）》等系列专项规划（图 1–4），各地形成了耕地有机质提升工作方案。通过推进畜禽粪污资源化利用、果菜茶有机肥替代化肥、东北地区秸秆还田、农膜科学使用处置、长江流域水生生物保护等重点工程，我国农业绿色转型成效显著，化肥使用量有效降低 16%，粮食年产量突破 1.4 万亿斤大关，全国农业绿色发展指数从 75.2 提升至 77.9，农业发展的绿色底色愈发鲜明，高质量发展基础持续夯实。

2024 年 12 月 26 日，农业农村部印发《关于加快农业发展全面绿色转型促进乡村生态振兴的指导意见》，围绕四大关键领域部署十项重点任务，明确提出到 2030 年初步构建绿色低碳循环的农业产业体系。与此同时，《加快建设农业强国规划（2024—2035 年）》也对推动农业绿色发展做出了系统性安排。两项政策文件的密集出台，彰显出我国加快推动农业全产业链绿色转型的战略决心与现实紧迫性。

深入推进农业绿色发展，通过资源高效集约化利用和绿色增粮技术创新，既能夯实粮食安全根基支撑乡村振兴，又可破解资源环境约束构建生态屏障，更是践行“两山”理论、推进人与自然和谐共生的现代化建设的必然选择。这一发展路径标志着我国农业生产方式正在实现从外延扩张向内涵提升的历史性转变。

新时期，在百年未有之大变局背景下，为建设农业强国战略目标，必须全面深化农业绿色转型实践，强化科技创新和制度创新双轮驱动，着力构建与国土空间承载力相匹配、与生产生活生态空间

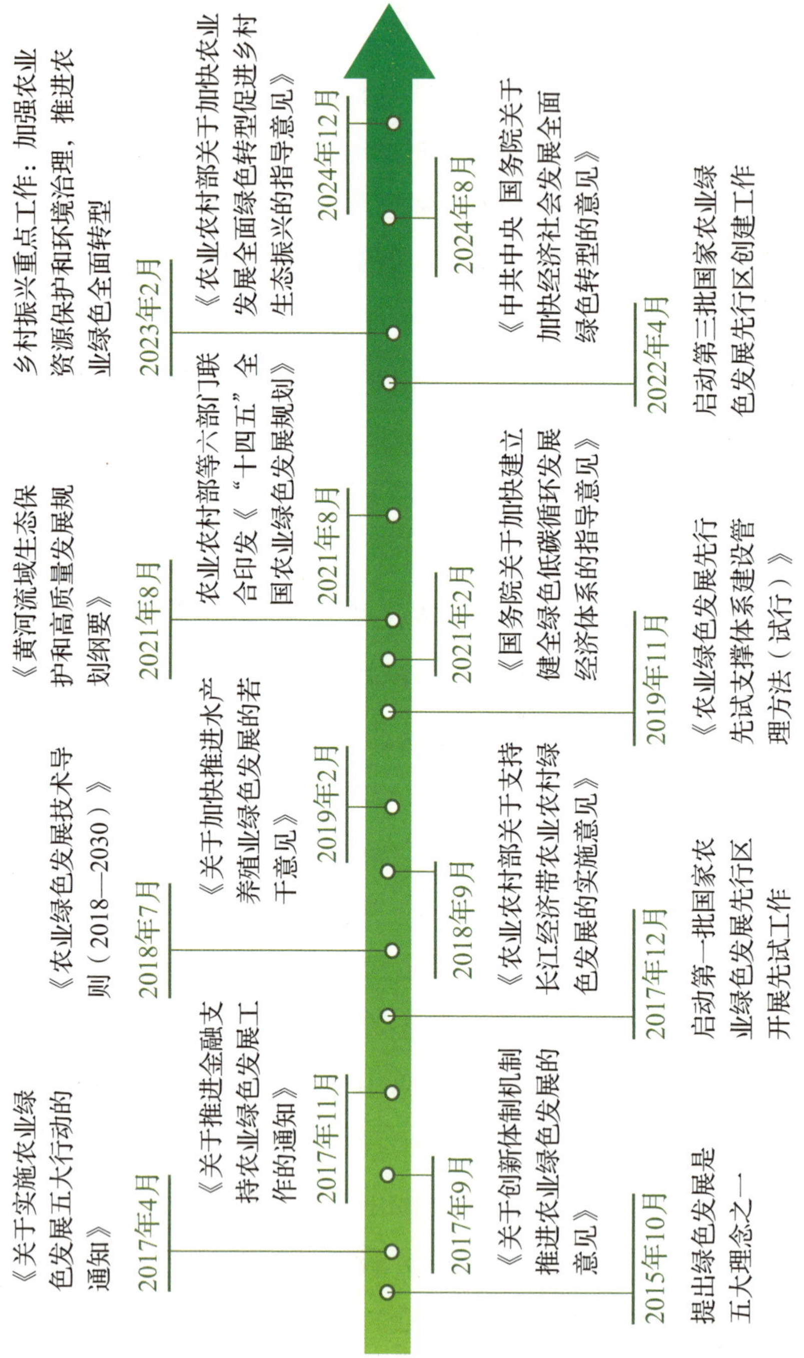

图 1-4 推进农业绿色发展的重点文件及政策

相协调的新型农业发展格局，为农业高质量发展注入持久动力。

1.4 粮食安全与资源环境安全协同实现新路径

我国农业的发展与国际趋势总体同向，但也独具特色。20 世纪 80 年代，传统农业居于主导地位，生产方式相对滞后。到了 20 世纪 90 年代，集约化农业迅猛发展，主要依靠增加单位面积的投入以提升产量。21 世纪初，高产高效成为农业发展目标，不仅要提高产量，还高度重视资源利用效率等经济效益指标。随后，高产高效优质农业进一步演进，对农产品品质提出了更高要求。

植物营养学科的发展与农业发展进程紧密相随，与国内外农业发展进程协同演进。20 世纪 80 年代，根际营养和土壤培肥是研究重点，旨在增强植物对养分的吸收能力并改良土壤结构。20 世纪 90 年代，养分管理成为关键环节，着重强调合理施肥以提高肥料利用率。21 世纪初，高产高效成为学科核心目标，通过养分资源综合管理，达成作物高产与资源高效利用的平衡。植物营养学科的发展始终契合农业发展新需求，借助理论创新与实践探索，在提高农业生产效率、保障农产品质量安全和推动农业可持续发展中发挥了重要作用。在理论创新层面，从根际营养、土壤培肥、高产群体构建、水肥调控等基础理论出发，逐步发展出测土配方施肥、根层调控、植物 - 土壤系统综合管理等理论，为高产高效农业提供了坚实的理论支撑。

尽管我国农业发展已取得诸多成效，但仍面临诸多挑战。传统粗放型生产方式依然占据主导地位，绿色优质农产品供给不足，绿色发展激励约束机制尚不完善，人地、人粮矛盾依旧突出，高投入、高消耗、低效率的生产方式尚未得到根本性扭转。在此背景下，推进农业绿色转型、构建生产与生态协同的绿色增粮技术体系迫在眉睫。从粮食安全战略视角来看，持续提升粮食产能是保障国家粮食安全的核心任务。近年来，我国粮食进口规模常年维持在1.4亿～1.6亿吨，且预测数据显示，到2035年粮食需求总量或将攀升至8.95亿吨，供需缺口呈扩大趋势。与此同时，我国农业资源利用效率亟待提升，以三大粮食作物为例，氮肥利用率仅为42.6%，比欧美发达国家低10～20个百分点。因此，推动农业投入品减量增效，在保障作物产量稳步增长的同时，大幅提升养分利用效率、显著减少环境排放，成为新时期绿色增粮、农业绿色转型的关键着力点。

绿色增粮涉及土壤、耕地、品种、栽培、农机、植保等农业全产业链，是一项错综复杂的系统工程，亟须提出整体性解决方案。新时期的绿色增粮科技创新，必须以保障粮食安全为基本前提，以增产增效并重为核心路径，以生产生态协调为根本目标，立足关键场景，充分发挥科技创新的引领作用，协同实现粮食单产提升与资源高效利用、环境健康发展，以新质生产力赋能农业绿色发展。在此背景下，"121"行动应运而生。该行动围绕根际生命共同体理论创新、绿色高产高效技术和绿色智能肥料突破以及区域农业绿色转型路径等核心内容，积极开展理论与实践探索，为推动农业绿色转型提供新路径和新方向。通过实施"121"行动规划，期望破解农业绿色可持续发展中的重大难题，为推动我国农业绿色高质量发展提供教育－科技－人才一体化的新模式。

2 绿色梦想“121”行动理论框架

2.1 绿色梦想“121”行动学术思路的形成

推进农业绿色发展是加快农业农村现代化、全面推进乡村振兴的必由之路，对于筑牢国家粮食安全根基、加强资源环境保护、推进生态文明建设具有举足轻重的战略意义。面对“大国小农”的基本国情，我国农业正处于从资源消耗向资源高效转型的关键时期，农业生产投入高、效率低、持续增产压力大等问题较为突出。传统先研发后转化的“从研究到发展”（Research to Development, R2D）的农业科研模式，虽然秉持立足农业产业需求与社会痛点开展研究的理念，有的放矢地围绕实际生产中的关键问题展开研究，使得研究成果具备较强的针对性，为科研与产业的深度融合开辟了有效路径，在推动科研成果转化、助力产业升级方面展现出显著优势。但是，受学科壁垒限制，该模式常聚焦单一因子、单一目标和单一过程，导致成果片面化，缺乏系统性，难以应对多目标协同的农业生产实践；而且，由于供需链条断裂，过度强调理论创新而常常忽视实际应用与产业需求，造成技术研发与农民生产需求脱节，农民被动接受技术成果，供需两端长期错位，制约技术推广效能；此外，由此引起的技术和产品落地适配性不足，研发环节对技术应用所需的产业化环境、政策支持、资金配套等要素重视不足，导致出现科技贡献率难以提升的困境。当前，在新产业、新业态蓬勃发展的驱动下，农业技术需求呈现出场景化、信息化、整装化等显著特点。单项、单环节的技术已远远无法满足新时期农业绿色发展“多目标协同、全产业链提升、全域落地实现”的新需求（图 2-1）。因此，在全球农业变革与我国战略布局的双重驱动下，破解粮食安全与资源环境安全协同发展难题，必须依靠科技创新开辟新路径。探索创新农业科研范式，以新质生产力驱动农业绿色发展，成为教育科技人才一体化，统筹教育科技人才资源，全面推进农业绿色转型、支撑乡村振兴的迫切需求。

鉴于此，中国农业大学植物营养学科团队自 2009 年起积极探索，成功建立了“科技创新、社会服务和人才培养”三位一体的科技小院新模式。经过多年发展，该模式演变成一种基于现实场景，秉持“从生产中来，到生产中去”科研理念的“在发展中做研究”（Research in Development，RiD）的农业科研新范式，为解决农业生产实际问题提供了全新思路。科技小院将科学研究的主战场从实验室直接转移到“三农”前线，科研人员纷纷走出大城市的科研院所，深入村屯农家和田间地头。在这一过程中，他们始终将科研的聚焦点放在生产一线，在复杂且真实的一线场景中探寻农业生产真问题，把技术创新与生产实践、农户需求以及国家农业发展紧密结合起来。在充分尊重农户权利和需求的前提下，真正形成了“在发展中做研究、零距离推动改变”的农业科研新范式。这一范式打破了单一学科的思维定势，彻底改变了传统“从研究到发展”模式下“在实验室研究，到地头推广成果”的做法，有效解决了科技成果转化应用的难题，为农业科技创新和推广应用带来了新的活力和动力，有力地推动了新时代农业的绿色高质量发展。

此外，随着生物技术、人工智能（AI）等前沿科技的迅猛发

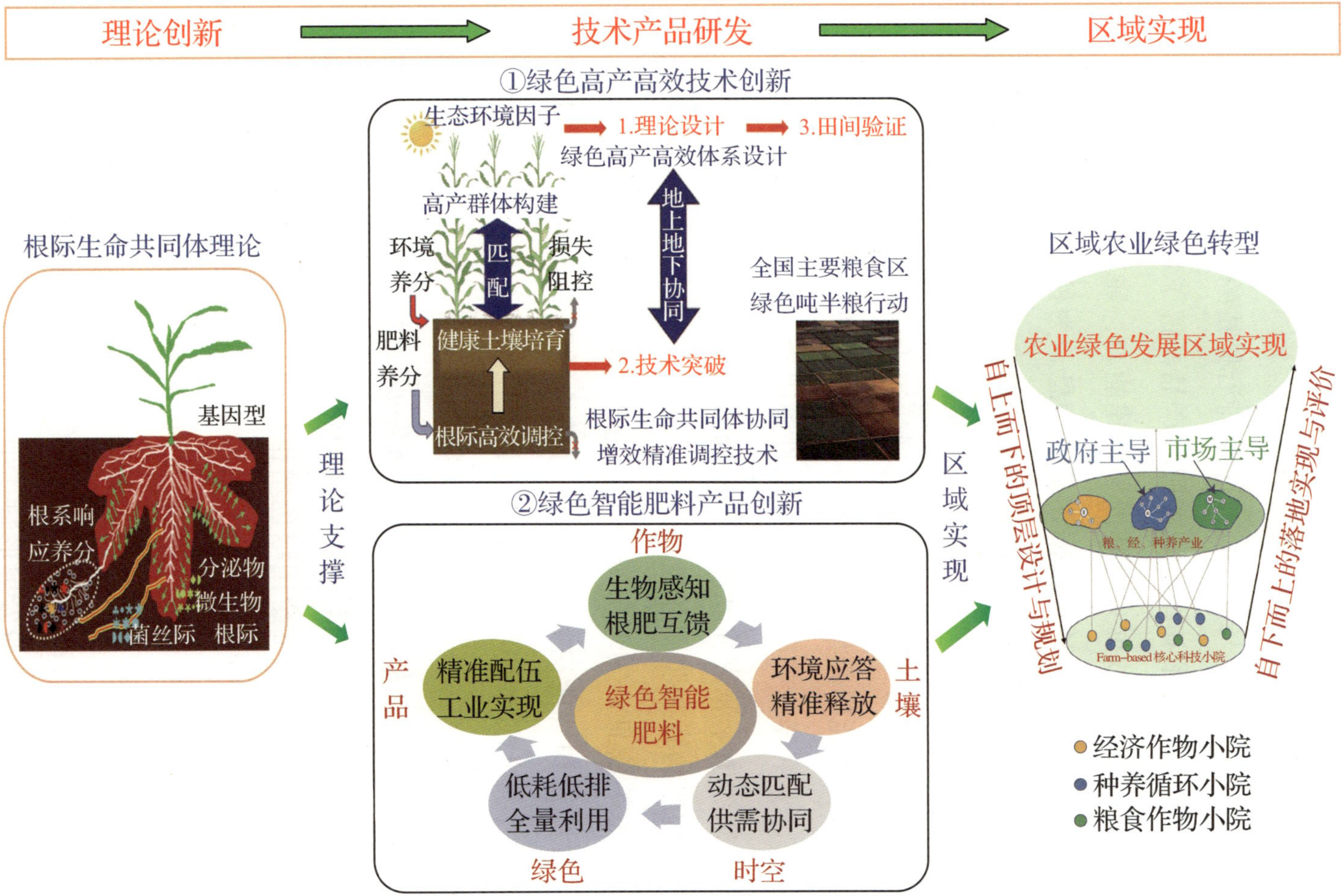

图 2-1 基于 Science-based 的“从研究到发展”的农业科研模式

模式特点：首先通过理论创新，突破技术和产品创制，再将研究成果应用于实践。

展，一场聚焦于农业领域的科技革命正以前所未有的深度和广度蓬勃展开，为深入解析植物第一基因组与第二基因组互作机制提供了前所未有的强大支撑。与此同时，这些前沿科技的发展还为研发新一代绿色高产高效技术和绿色智能肥料产品开辟了新的途径。结合人工智能技术的强大数据分析和模型构建能力，建立精准的作物生长预测模型，根据实时环境数据和基因信息，为种植者提供个性化且合理的灌溉、施肥、病虫害防治精准管理建议，实现作物生产过程的精细化和智能化管理。借助生物技术对植物根系与土壤微生物互作机制以及植物对养分吸收转运机制的深入研究，开发出具有智能识别和响应功能的新型肥料载体材料，根据植物不同生长阶段的养分需求、土壤养分状况以及环境条件等因素，精准释放养分，提高肥料的利用率，减少养分流失和对环境的污染。同时，结合人工智能技术构建的智能监测和控制体系，实时监测土壤养分含量、植物生长状态等信息，实现对肥料施用过程的自动化、精准化控制。通过远程监控和智能决策算法，随时随地了解作物的养分需求情况，并通过手机或电脑等终端设备远程操控施肥设备，确保肥料在合适的时间、以合适的剂量施加到作物根部，真正实现智能化、精准化的肥料管理，为农业的绿色可持续发展提供有力的技术支撑。

基于上述前沿科技在农业领域的创新应用与突破，创建“绿色吨半粮”生产模式，服务全国绿色增粮行动，打造具有全球示范意义的绿色高产高效实践场景，构建现代化绿色增粮科技创新体系，已成为时代赋予的重要使命。推进“绿色吨半粮”等工程也是我国主要农业生产区绿色转型的核心任务，在此基础上，创建政产学研用等多主体协同模式推动农业大面积绿色转型也迫在眉睫。

基于上述国内外农业发展形势，中国农业大学植物营养学科立足国际学术前沿，紧密结合中国农业生产实际，经过多次深入研讨，提出未来10年绿色梦想“121”发展行动规划。该规划以农业绿色转型需求为导向，立足生产一线，通过倒逼驱动绿色生产技术、产品创新和资源高效利用理论突破，致力于探索高产、高效、环保、增收协同发展的绿色可持续农业新路径。具体目标包括：实现1大变革，即实现区域农业绿色转型；为此，必须取得绿色高产高效技术和绿色智能肥料产品2大关键突破；在此基础上创新1套“根际生命共同体”理论体系（图2-2），为我国农业绿色转型提供理论支撑与实践样板。

2.2 绿色梦想“121”战略愿景与目标

绿色梦想“121”行动旨在推动农业全面向高产、高效、低排放绿色转型，建立全国农业绿色发展科技创新、研发与应用的高水平团队，重点创新根际生命共同体理论，突破绿色高产高效新技术和绿色智能肥料新产品，政产学研用“五位一体”协同推动农业产业大面积绿色转型实现，加快我国农业领域教育、科技、人才一体化发展。具体目标包括如下：

（1）建立植物－土壤－微生物互作增效的根际生命共同体理论，引领资源高效利用国际科学前沿。

（2）创新绿色高产高效新技术和绿色智能肥料新产品，实现主要作物增产10%～20%，增效10%～20%，减排30%～50%，增收翻番，支撑国家绿色增粮行动。

（3）打造成建制大面积的“绿色吨半粮”基地，形成示范效应。

（4）形成多学科融合与交叉创新研究体系，建成国际顶尖的农

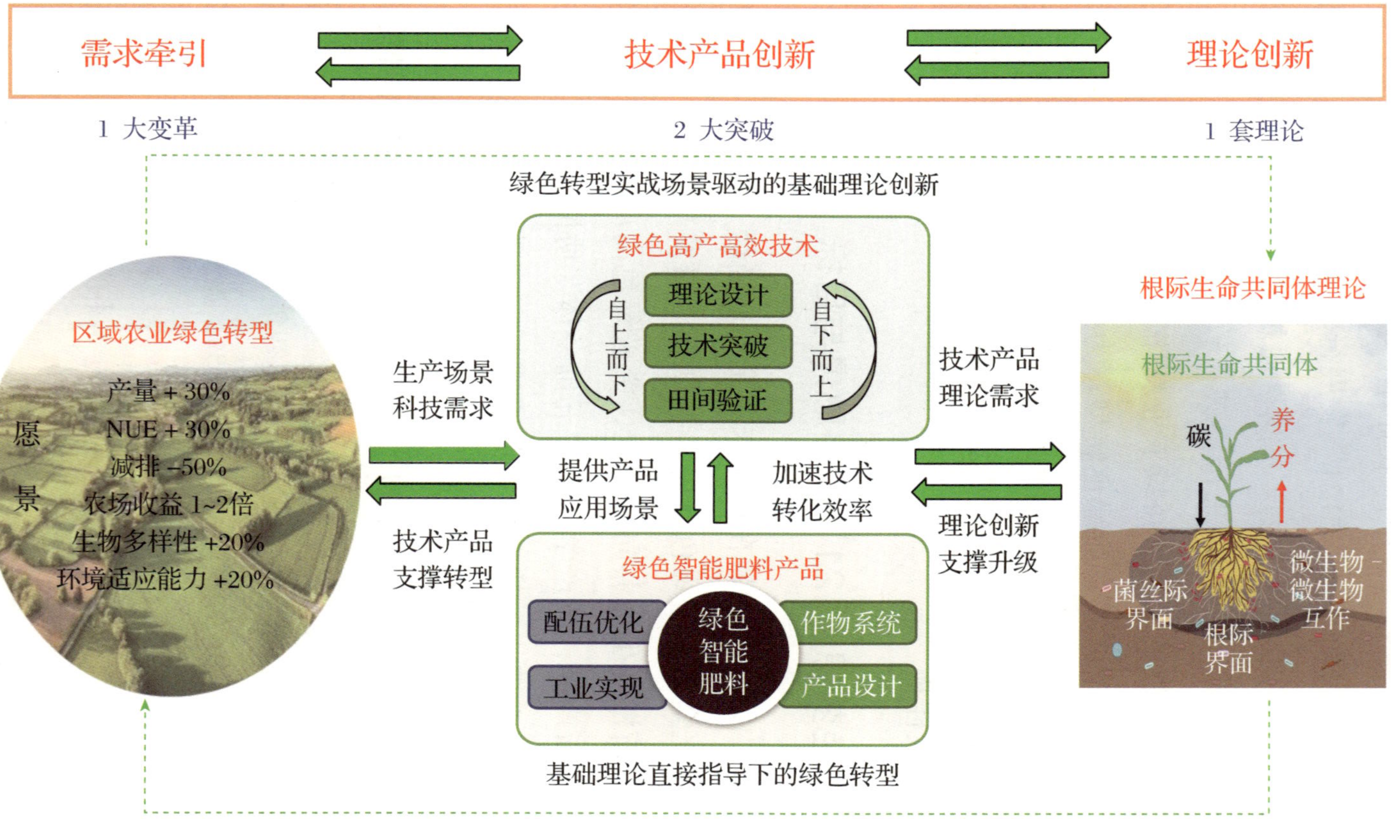

图 2-2 以需求为导向的绿色梦想“121”行动路线

研究范式特点：立足生产需求和问题导向，破解理论瓶颈问题，创新技术和产品，零距离应用于生产实践，实现大面积均衡绿色转型。

业绿色发展科学研究中心。

（5）打造一支思维活跃、勇于创新、继承和发扬“顶天立地”学术传统的创新队伍，建立教育科技人才一体化发展新模式。

2.3 绿色梦想“121”行动

绿色梦想“121”行动包括以下 4 个相互联动的主题（图 2–3）。

2.3.1 根际生命共同体理论

依托养分资源高效利用全国重点实验室等平台，以根际生命共同体理论创新为主要科学目标，系统研究根际生命共同体结构、功能与运行机制，重点突破碳与养分流耦合及信号调控、植物第一和第二基因组融合、多界面生物互作及级联增效机制，阐明养分高效植物基因型、根际核心微生物、根际微生态协同调控机制，建立根际生命共同体生物学调控途径，支撑绿色高产高效技术与绿色智能肥料产品研发。

2.3.2 绿色高产高效技术

以根际生命共同体理论为指导，重点开展以下四大研究方向。第一，高产群体智慧构建，即基于知识和经验，结合作物过程模型模拟和农学诊断，设计匹配当地生态条件的高产群体，构建适应不同区域生产条件的差异化高产智慧群体模式。第二，根际生命共同体调控，即创新根际局域全生育期调控原理与技术、根际局域碳氮调控原理与技术、根际氮阻控原理与技术、地上 – 地下碳与养分耦合原理与技术。第三，土壤健康与作物高产协同，即明晰关键障碍因子与靶向消减、精准调控根 – 土 – 微生物互作与养分高效循环、

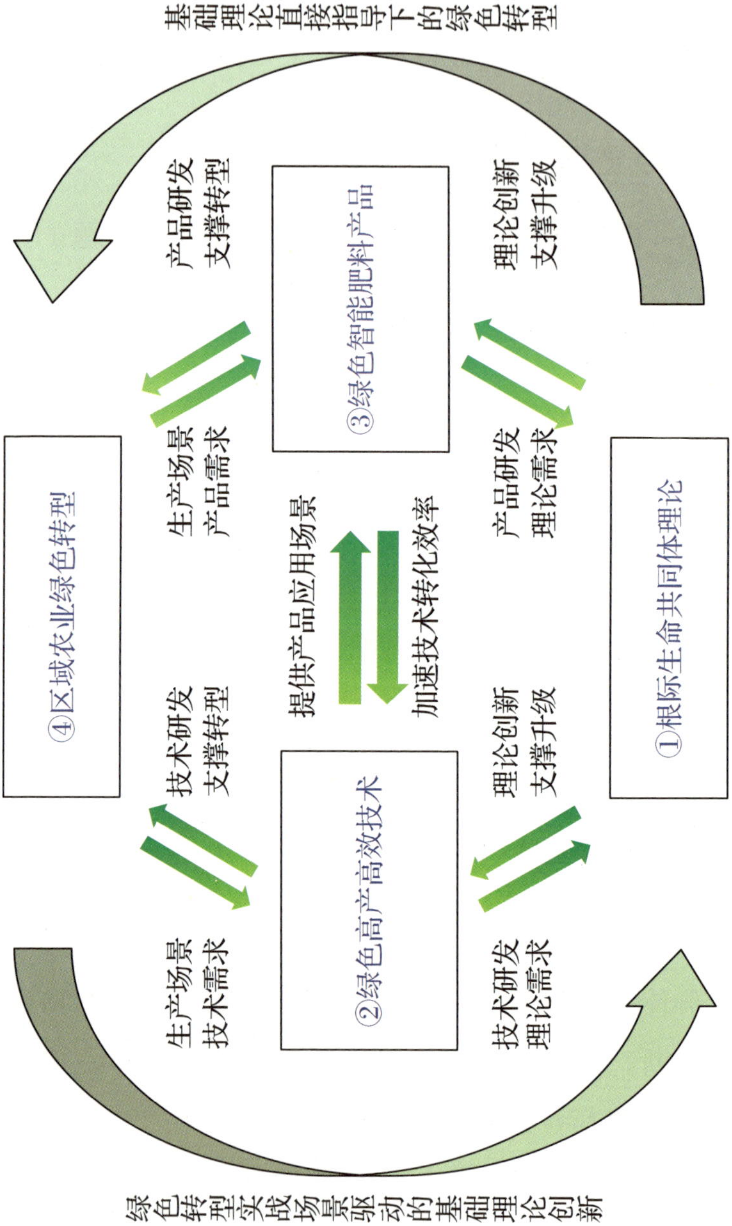

图 2-3 绿色梦想"121"行动四大主题的相互关系

强化碳－养分－水循环与产能系统提升。第四，采用人工智能大模型、高精度识别技术与装备，融合根际生命共同体技术与绿色智能产品，建立土壤－作物系统全程智慧精准管控技术模式。

2.3.3 绿色智能肥料产品

以作物－土壤－微生物－环境互作增效调控的根际生命共同体理论为基础，创制新型绿色智能材料、活性物质和新微生物菌种，突破矿物养分活化与全量利用、养分及功能物质和菌种保活、养分形态配伍与活性物质组配整装等关键技术；建立绿色智能肥料“研产销用”一体化研发创新体系，创新肥料生产工艺与装备；创制功能特征明显、增产增效、节本提质、低碳减排多目标协同的绿色智能肥料新产品，推动肥料产业绿色转型升级。

2.3.4 区域农业绿色转型

依托国家农业绿色发展先行区、全国科技小院协作网、全国农业绿色发展协作网等平台，创新“自上而下”目标导向系统设计与“自下而上”场景驱动应用深度融合的科研范式。重点突破农场场景绿色高产高效核心技术创新与应用，构建绿色高产高效适用性技术体系，并开展区域农业绿色转型设计与技术效果评估。多学科交叉、多主体融合打造具有开创性的国家样板基地，为农业产业绿色转型升级提供系统解决方案、区域模式与国家政策建议。

3 根际生命共同体理论

3.1 前沿问题与挑战

养分高效是一个从土壤到植物、从微生物到农业生产多界面互作的系统过程，任何单一过程的研究都难以从根本上解决养分高效问题。根系作为植物吸收养分的主要器官，把地上和地下连为一体；根际则是控制植物－土壤系统物质、能量流动和信息交换的枢纽；菌丝际及其他微生物极大地拓展了植物吸收利用土壤养分的范围与功能。在“植物－根系－根际－菌丝际－土体及其微生物”连续体中，植物将光合产物输送到地下，驱动了地下多样化生命过程的运转。光合产物一部分用于支撑根系生长及其生理活动，另一部分以根分泌物的形式释放到根际环境中，极大地改变根际土壤的物理、化学和生物学性质，招募和供养微生物，使根际成为植物－微生物、微生物－微生物互作最活跃的热点区域，成倍提升植物对土壤养分的活化与利用效率。根外菌丝和其他土壤微生物又将根际范围扩展上百倍，并能从距离根系很远的土体以及根系难以进入的微团聚体内捕获养分并将其传输给植物。这种自上而下的能量流与自下而上的养分流形成一个完整的闭环系统，将“植物－根系－根际－菌丝际－土体及其微生物”连接成一个以根际互作为核心，“牵一发而动全身”的根际生命共同体（Rhizobiont），将植物与其第二基因组——微生物组完美地结合在一起，控制着植物对养分的活化、吸收和利用（图 3–1）。

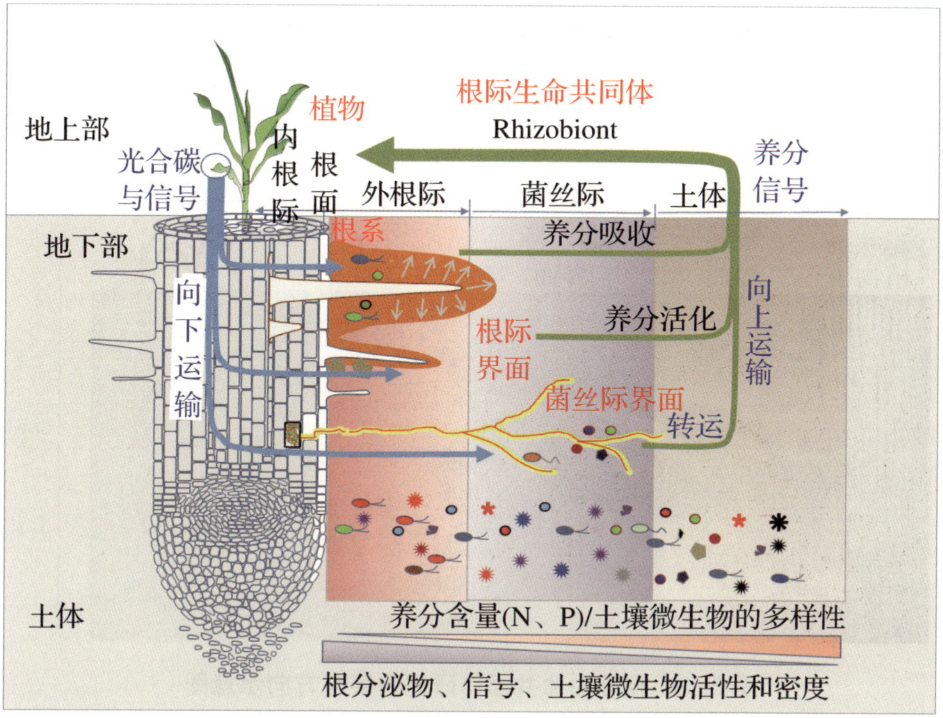

图 3-1　根际生命共同体结构与运行机制模式图

然而，长期以来，人们在生产实践中往往只重视肥料养分的投入，却忽视了植物－土壤系统的巨大生物学潜力，尤其是没有认识到基于土壤－作物系统的生物互作增效作用。这种忽视常导致施肥过量，进而造成根系生长受阻、根际过程减弱、植物－微生物互作紊乱以及根际微生态环境的恶化，从而严重制约了养分利用效率的提高。深入揭示基于土壤－作物系统的生物互作增效机制，挖掘作物和微生物资源高效利用的生物学潜力，构建植物－土壤－微生物互作增效的根际生命共同体原创理论，建立生物学调控新途径，提高养分利用效率，已成为改变高投入、高污染农业生产方式的关键突破口。

3.2 主要研究内容与方向

根际生命共同体理论主要围绕以下 3 个方向开展研究（图 3-2）。

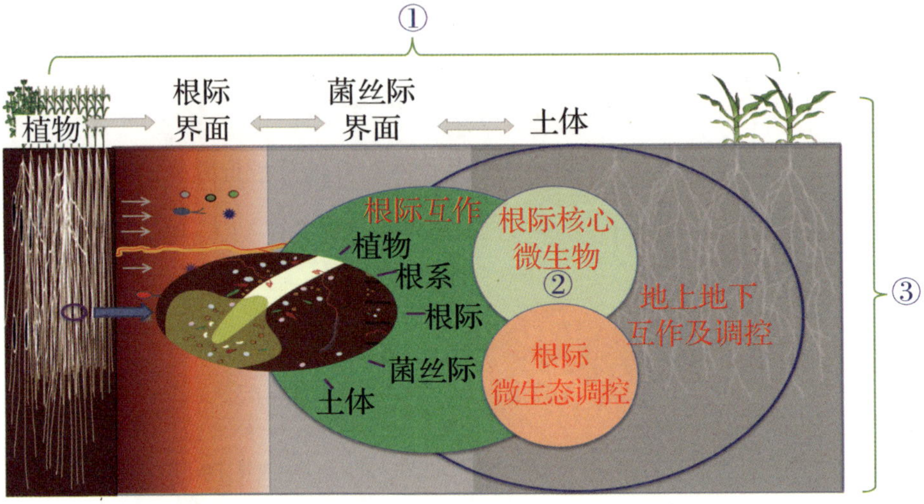

图 3-2 根际生命共同体研究内容与方向示意图

①根际生命共同体系统研究；②根际生命共同体关键界面互作；③根际生命共同体地上地下互作及调控。

3.2.1 根际生命共同体系统研究

1. 碳与养分流耦合及信号调控机制

植物在生长过程中将光合碳分配到地下，驱动“植物 – 根系 – 根际 – 菌丝际 – 土体及其微生物”根际生命共同体运行。自上而下的碳流和自下而上的养分流之间的关系与耦合机制是什么？根际和菌丝际两个界面如何在系统水平上影响根际生命共同体的运行？植物又是如何通过分泌物及信号物质来调控这一系统过程？围绕上述问题，利用碳氮同位素标记等方法构建养分高效的根际生命共同体模式，阐明植物根分泌物介导的养分高效根际对话机制，阐明菌丝分泌物介导的菌丝际菌根真菌 – 细菌互作机制及效应。

2. 植物第一、第二基因组融合机制

根际微生物组是植物功能发挥不可或缺的组成部分，被称为植物的第二基因组。植物根系从土壤选择性招募并供养大量微生物，对提高植物养分利用效率至关重要。植物如何塑造第二基因组组成与功能？哪些核心微生物参与植物养分高效利用，如何在根系定殖，如何参与植物养分交换？植物如何智能感知和调控根际核心微生物？围绕上述问题，聚焦植物－微生物互作过程，筛选鉴定养分高效根际核心微生物，利用 AI 大模型发掘互作调控关键信号物质，突破植物－微生物信号感知、核心微生物根际定殖以及与植物互作增效的分子机制，阐明根际微生物－微生物互营、协同与竞争影响养分效率的机制，打通植物与其第二基因组——微生物组的养分高效利用通路。

3. 根际生命共同体多界面生物级联增效机制

根际生命共同体中的根系、根际、菌丝际及其微生物可以通过互作形成连锁反应，活化利用土壤养分。利用这一特性，重点阐明根系、根际、菌丝际及其微生物等关键界面上碳与养分的交换机制，揭示关键根系分泌物、关键微生物类群介导的养分高效级联互作机制与调控途径（图 3-3）。

3.2.2 根际生命共同体关键界面互作

1. 根际微生物对植物养分高效的影响机制

研究植物养分高效的根际核心微生物种类和功能、根际微生物调控植物吸收养分的机制、植物对根际微生物的感知和调控机理。

2. 养分高效的根际微生态调控机制

阐明典型根际菌群失衡特征与装配机制以及与作物养分利用效

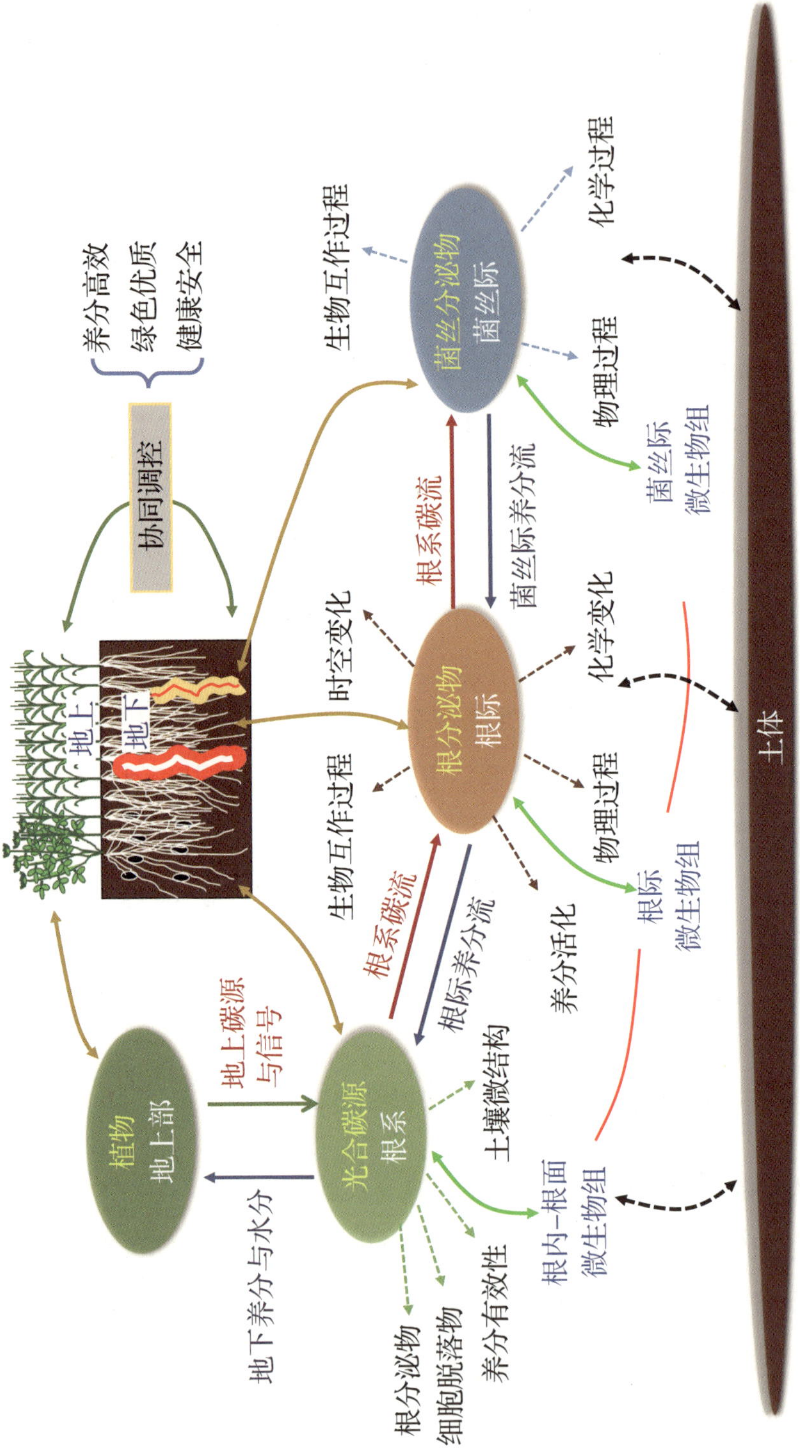
养分高效
绿色优质
健康安全
协同调控
地上
地下
植物
地上部
地上碳源
与信号
地下养分与水分
光合碳源
根系
根分泌物
细胞脱落物
养分有效性
土壤微结构
根系碳流
根际养分流
根分泌物
根际
生物互作过程
时空变化
化学变化
物理过程
养分活化
根际
微生物组
根内-根面
微生物组
根系碳流
菌丝际养分流
菌丝分泌物
菌丝际
生物互作过程
化学过程
物理过程
菌丝际
微生物组
土体
(a)

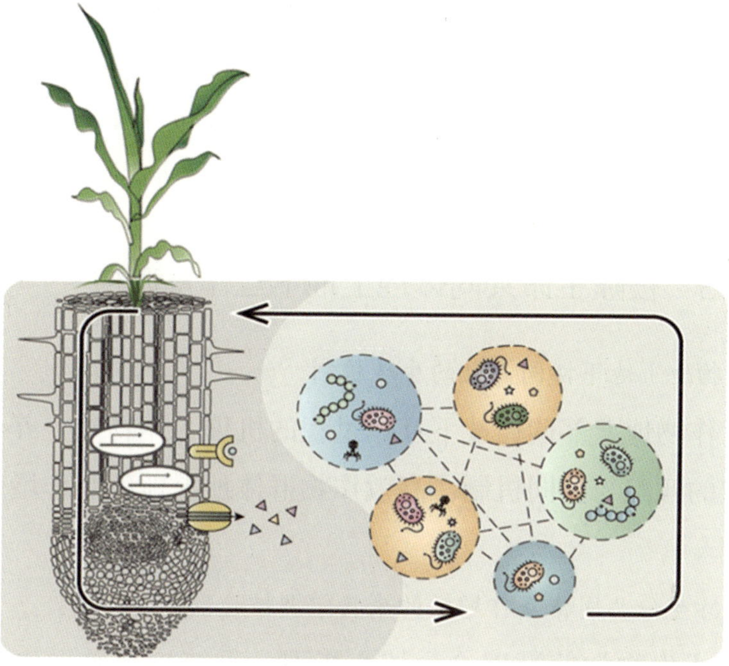

（b）

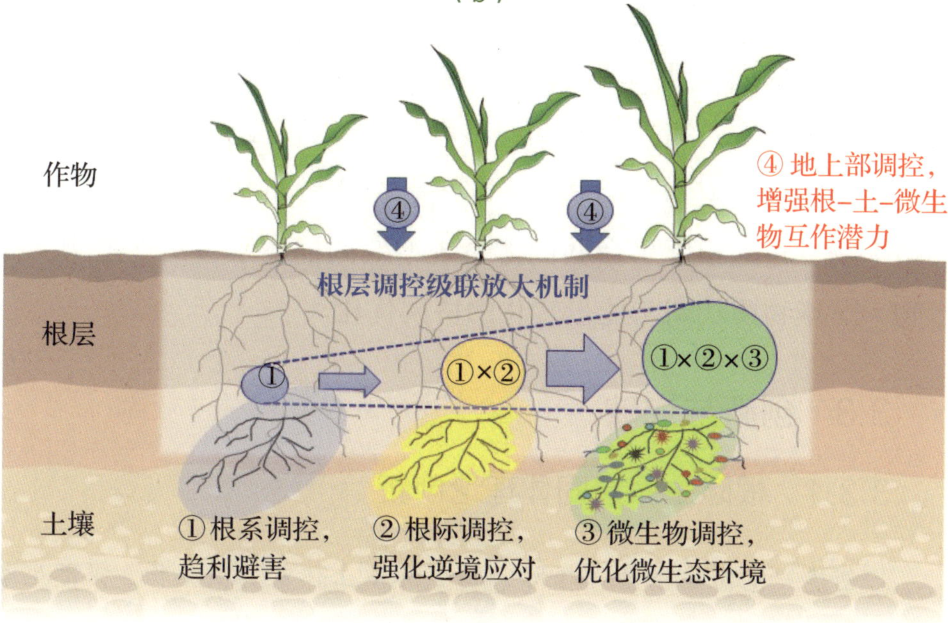

（c）

图 3-3　根际生命共同体三大核心内涵示意图

率的关系；探明根际有益菌群多营养级生态互作与作物养分利用效率的关系；利用合成生物学技术研发新型生物刺激素和益生元，建立根际微生态定向调控技术体系，实现作物促生、抑病与养分高效。

3.2.3 根际生命共同体地上地下互作及调控

1. 作物地上地下协同高效的生理机制

揭示作物地上部调控地下互作过程的机理、作物地上养分需求和地下供应的匹配与协同机制、高效作物群体地上地下互作增效特征及生理机制。

2. 根际生命共同体互作增效的生物学调控途径

以合成生物学前沿理论为核心指引，系统地突破微生物基因组从头设计与工程化技术，构建微生物底盘细胞工厂，实现对微生物遗传信息的精准编辑与功能重塑。创新开发微生物组原位靶向编辑与智能调控技术，通过精准调控核心代谢通路，定向设计，合成新型高效生物刺激素与生物肥料。匹配养分高效植物基因型、根际核心微生物，建立根际生命共同体系统增效调控体系，实现植物－微生物－土壤物质代谢与能量转化的协同优化。

3.3 创新与突破

3.3.1 根际生命共同体理论创新

1. 创建“植物－根系－根际－菌丝际－土体及其微生物”根际生命共同体理论体系

通过融合多学科理论与技术，突破根际生命共同体的结构、功能及其物质、能量和信息交换机制，阐明根际生命共同体的运行规律及多界面互作增效机制，破解传统单一过程研究无法系统提高养分利用效率的难题，开创植物－土壤－微生物互作增效的交叉创新领域（图 3–4）。

2. 破解植物第一基因组与第二基因组（微生物组）协同提高养分利用效率的理论难题

阐明植物－微生物信号感知、核心微生物根际定殖以及与植物互作增效的分子机制，揭示根际微生物－微生物协同与竞争影响养分利用效率的机制，阐明从微生物菌群互作到核心微生物组与植物互作的级联放大机制，将植物－微生物互作从定性描述提升到功能解析和系统定量水平（图 3–5）。

3. 建立根际生命共同体互作增效提高养分利用效率的生物学调控途径

在根际生命共同体理论创新基础上，从植物基因型、根际核心微生物和根际微生态定向调控 3 个视角协同突破根际互作调控瓶颈问题，再从地下根际互作调控、地上高产群体构建和农田养分管理 3 个方面集成创建根际生命共同体互作增效的生物学调控新途径，大幅度提高作物养分利用效率（图 3–4 和图 3–5）。

3.3.2 根际生命共同体应用技术突破

1. 养分高效植物基因型调控

寻找新基因：植物养分利用新基因挖掘、植物－微生物匹配。

2. 核心微生物调控

发现新菌种：微生物单菌筛选、合成菌群研发。

3. 根际微生态调控

锁定新物质：生物智造、化学合成、化学提取。

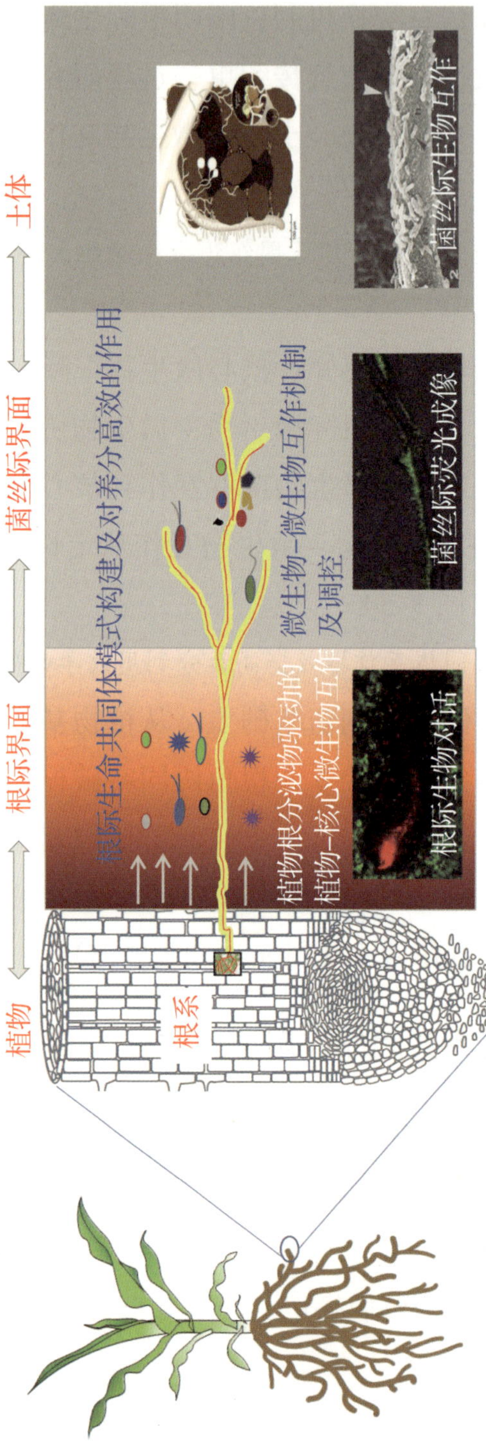

图 3-4　根际生命共同体理论创新思路图

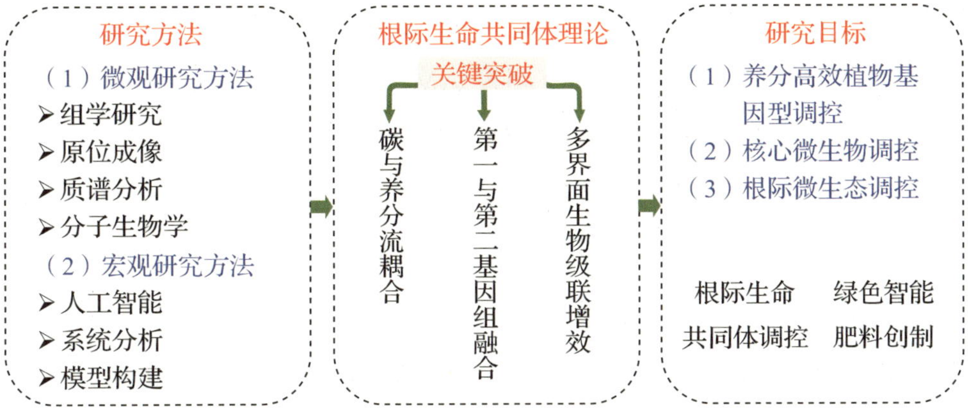

图 3-5　根际生命共同体研究突破思路图

3.4　案例与进展

中国农业大学植物营养学科根际生命共同体研究始于 20 世纪 90 年代的根系分泌物研究，发现专性分泌物铁载体等在活化土壤养分中发挥重要作用；进一步发现菌根、菌丝能将根系吸收磷的范围扩大 12 cm 以上，极大地增强了根系吸收养分的能力；近年来研究发现根际、菌丝际定殖着大量微生物，根际、菌丝际生物互作在养分活化中发挥关键作用。在 30 多年的研究中，以根际、菌丝际、线虫、间套作等体系为特色，积累了大量利用根际生命共同体原理开展研究的案例，相关研究成果发表在 *Nature Reviews Microbiology*、*Trends in Plant Science*、*Nature Commutations*、*Microbiome*、*ISME Journal*、*New Phytologist* 等期刊上。代表性案例如下。

3.4.1　铵磷调控实现植物 – 土壤 – 微生物系统菌丝际磷高效利用的级联效应

丛枝菌根（Arbuscular Mycorrhiza，AM）真菌与主要作物共生，是根际生命共同体的主要组成部分。它们积极参与根际生命共同体中的微生物生态过程与养分元素循环，尤其对植物的氮、磷等养分吸收贡献大，因此管理与调控 AM 真菌对根际生命共同体的高效运转至关重要。当前的养分管理手段已经充分考虑根际界面的管理，但仍然缺乏根际生命共同体的第二界面 AM 真菌菌丝际的管理和调控手段。研究发现菌丝际磷矿化依赖于 AM 真菌与细菌的紧密互作关系，且这种互作关系由磷和菌丝分泌物介导。通过铵态氮和无机磷可调控菌丝际的生物互作，在菌丝际界面实现级联放大：首先，菌丝吸收铵态氮并释放氢离子后，菌丝际酸化，提高酸性磷酸酶活性的同时提高磷的可利用性；其次，适当的磷添加和活化可以使 AM 真菌与细菌的关系从竞争转变为合作，协同促进植物养分获取；最后，AM 真菌通过菌丝分泌物发挥碳源、信号作用招募解磷细菌，提高磷的矿化能力（图 3-6）。这种菌丝际界面 AM 真菌与细菌互作及细菌与细菌互作关系的高效调节，有利于实现根际生命共同体的系统增效和绿色智能调控微生物功能产品的开发。

3.4.2 基于根际生命共同体理论研发植物 - 线虫 - 微生物系统绿色智能靶向防控植物致病线虫功能水溶肥产品

土壤线虫是根际生命共同体的重要组成部分，其内部存在着功能分化。以根结线虫为代表的植物寄生线虫是根际生命共同体的潜在破坏者，而数量庞大的自由生活线虫（占 60% ～ 80%，包括食细菌、食真菌及捕食 / 杂食性线虫）则是维持共同体稳定与功能的关键有益成员。它们积极参与根际微生态中的有机质分解矿化、元素循环，并能增强植物成员的抗病能力，对整个根际生命共同体的健康运转至关重要。当前的化学防治方法虽能杀灭根结线虫，但其高毒性和广谱杀伤性破坏了根际生命共同体的内在平衡，无差别地清

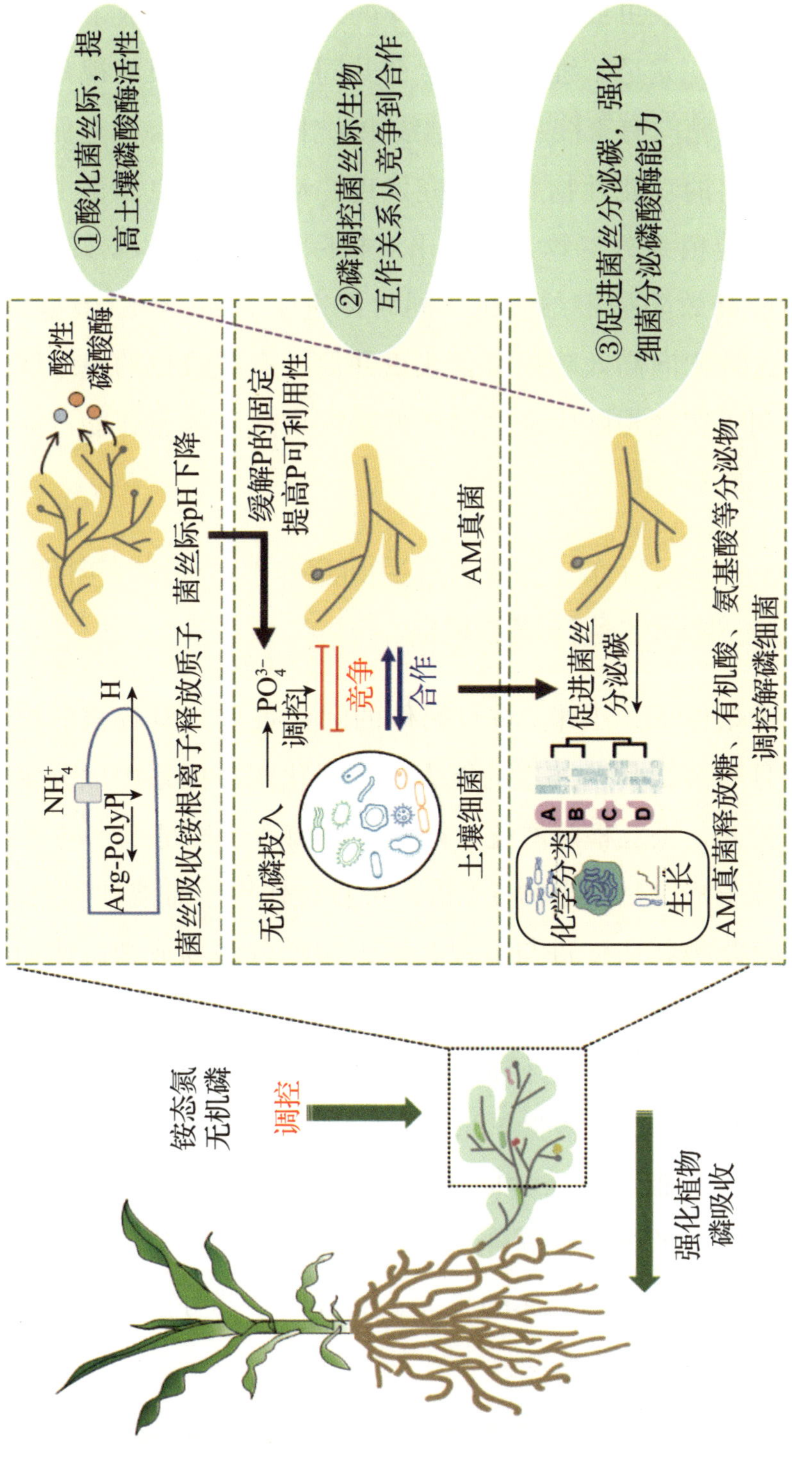

图 3-6 铵磷调控实现菌丝际磷高效利用的级联效应示意图

除了有害及有益线虫成员，对共同体的结构和功能造成了严重的负面影响。因此，立足于维护根际生命共同体整体健康的视角，必须发掘能够精准靶向有害线虫（根结线虫），同时不损害甚至促进有益线虫成员群落的功能性物质。研究发现，从根结线虫非寄主植物中筛选出的特定根系分泌物，展现出对根际生命共同体友好的特性。这些物质能高效防控根结线虫，同时促进了秀丽线虫（有益线虫）的繁衍，这种靶向高效防控有害线虫并促进有益线虫的根结线虫防控策略有利于实现根际生命共同体的系统增效和绿色智能产品的创制与研发（图 3-7）。

3.4.3 根间互作（玉米 / 蚕豆间套作）磷吸收的根际生命共同体互作增效机制

在低磷条件下，玉米 / 蚕豆间作的间作蚕豆具有较强的根系分泌能力，且与菌根真菌共生的能力强，强化间作体系中以分泌物形式的碳流输入，蚕豆根际酸化、酸性磷酸酶活性均是玉米的 2.1 倍，柠檬酸阴离子浓度是玉米的 6.1 倍，可直接作用于难溶性磷的活化，或者通过黄酮类物质促进与菌根共生，菌丝分泌物或细菌代谢物进一步强化碳流，间接作用于难溶性磷的活化，形成有效磷库，两个作物通过根系或者菌根途径提高磷吸收，间作玉米响应富磷斑块，提升根长密度 3.5 倍，增强玉米磷吸收 26%，提高产量 20%。综上所述，在间套作根际生命共同体中，两个作物响应土壤养分环境，通过根系分泌物的种类特异性与含量形成互补，将信息流或能量流融合，驱动根际有效养分库的扩大，促进体系养分高效，形成一个多界面种间互作增效的共同体（图 3-8）。

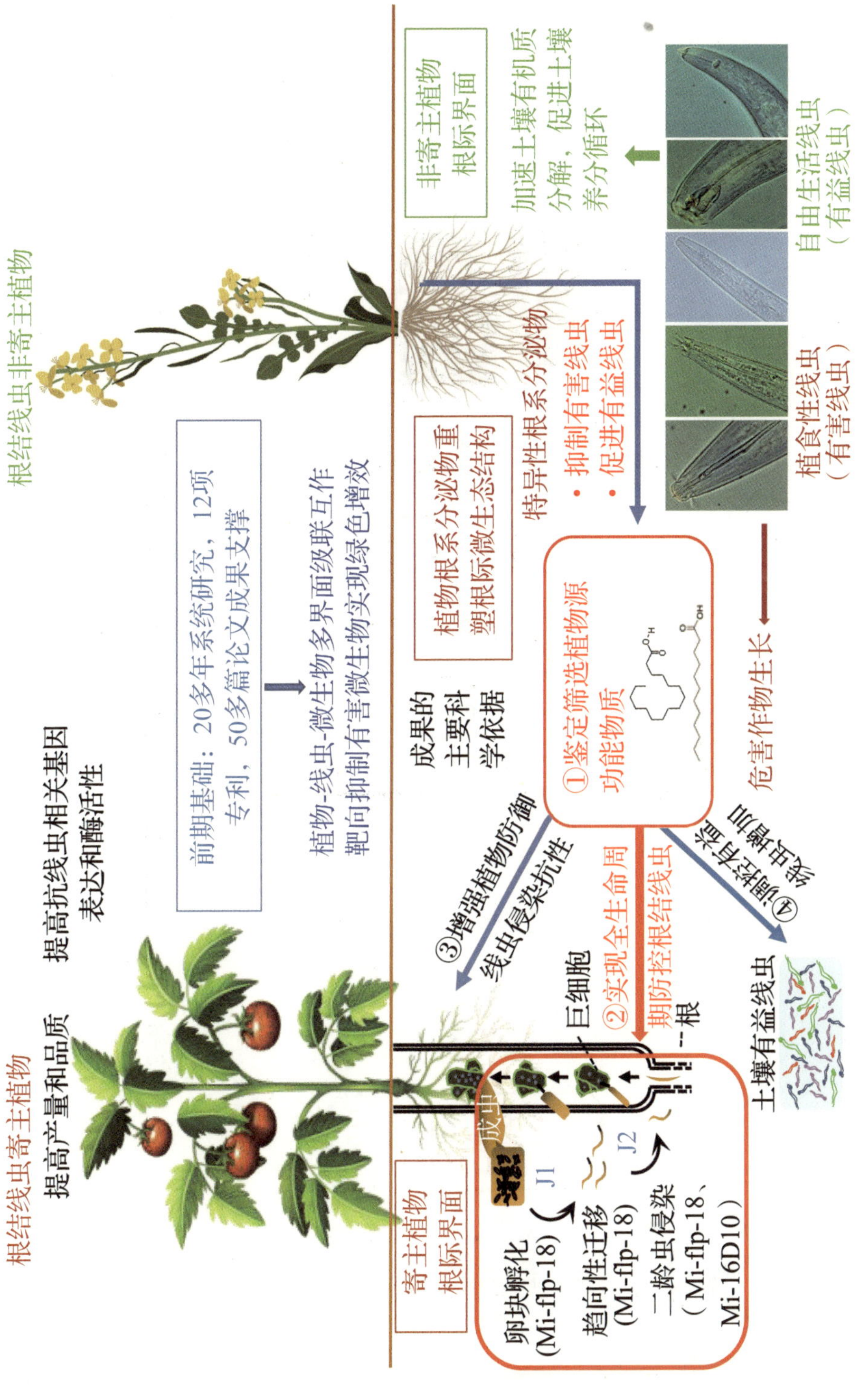

图 3-7 绿色智能靶向防控植物致病线虫功能水溶肥产品研发示意图

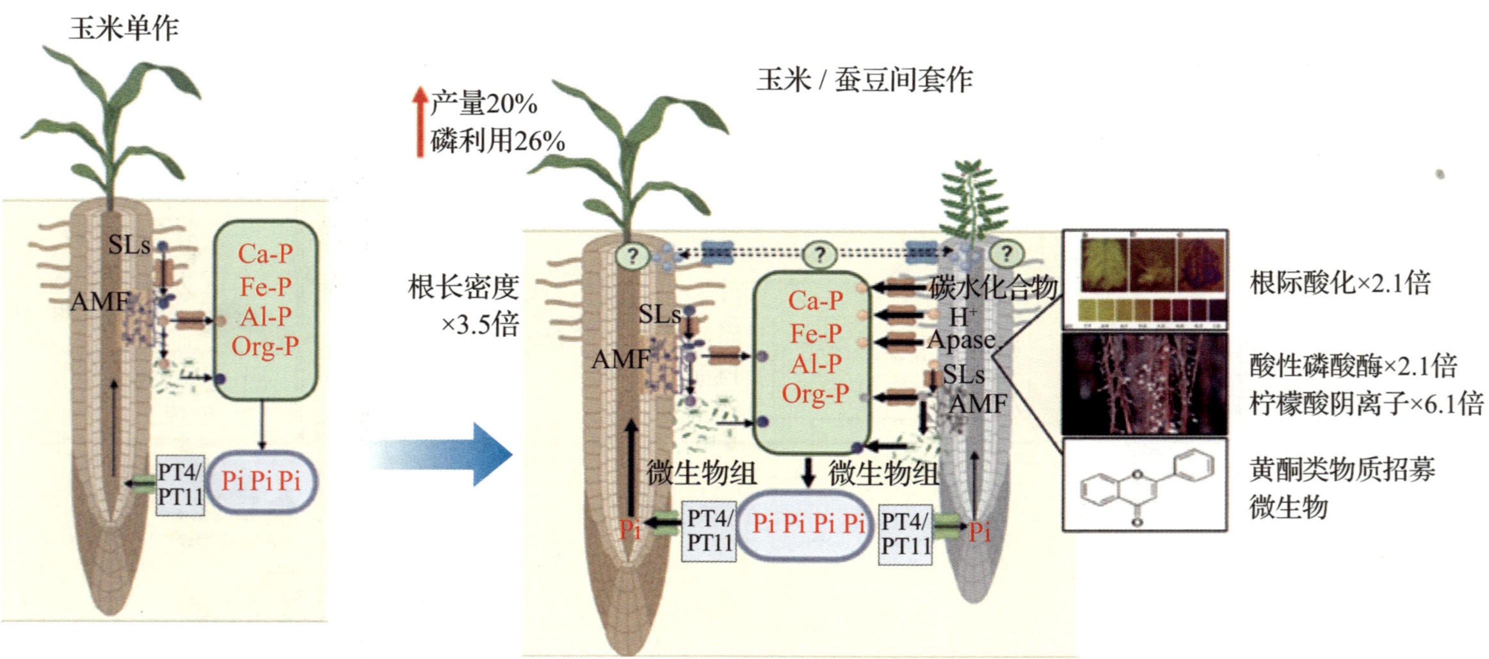

图 3-8　玉米 / 蚕豆间套作磷吸收的根际生命共同体互作增效机制示意图

4　绿色高产高效技术

4.1　前沿问题与挑战

我国农业面临粮食安全与资源环境安全等多重挑战，创新绿色高产高效理论与技术，实现作物高产、资源高效、环境安全多目标协同，是农业绿色发展面临的重大国家需求和科学挑战。2024 年，国务院发布《新一轮千亿斤粮食产能提升行动方案（2024—2030 年）》，方案明确提出，到 2030 年实现新增粮食产能千亿斤以上，全国粮食综合生产能力进一步增强；要求在严格保护耕地的基础上，粮食播种面积稳定在 17.5 亿亩左右，谷物面积稳定在 14.5 亿亩左右，粮食单产水平稳定在每亩 420 kg 左右。

当前资源消耗型农业资源投入的边际效益已趋于耗尽，2024 年我国玉米、水稻、小麦三大粮食产量亩均增产仅为 5.1 kg，但化肥投入量大，氮肥利用效率仅为 42.6%，生态环境压力大。与欧美对比发现，发达国家均把农业科技创新作为国家战略重点，着力加强农业的智能化和绿色可持续发展。目前我国农业农村领域技术领跑仅占 10%，并跑 39%，跟跑 51%。农业是一个复杂的、全生命周期的过程，在区域、作物系统、作物生长阶段、经营主体行为、社会经济等因素的深刻影响下，农业各项技术标准化程度低、标准化意识不强，传统农业技术已不能实现农业的跨越式提升，推动国家农业绿色发展和现代化建设亟须绿色技术的创新与应用，打破传统技术的天花板，实现实质性跨越。

4.2 主要研究内容与方向

4.2.1 高产群体智慧构建

基于AI建模和大数据，结合作物过程实时诊断，设计匹配当地生态条件的高产群体，在典型场景下，实现作物品种、管理措施与当地光照、温度、降雨、土壤等条件的多维耦合。在此基础上，基于AI技术智慧栽培体系，通过多维数据融合与模型创新，推动高产作物生产体系的范式变革。具体而言，一是通过AI技术，深度解析气象因子、作物地上冠层结构、地下土壤环境的耦合机制；二是基于品种-环境互作，优化种植密度和群体结构，精准识别群体关键生长调控因子，构建适应不同区域生产条件的差异化高产智慧群体模式；三是借助大数据分析与智能调控手段，结合作物过程模型，实现高产作物群体的动态优化与精准管理，提高资源利用效率，为区域性大面积高产和绿色可持续生产提供科学支撑（图4-1）。

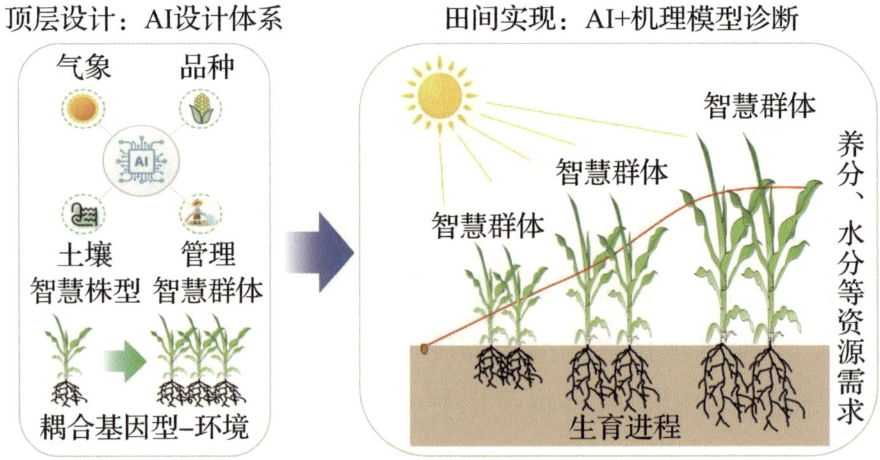

图4-1　高产群体智慧构建示意图

4.2.2 根际生命共同体调控

以根际生命共同体理论为指导，以土壤－作物系统综合管理为基础，以根际局域调控为抓手，系统阐明作物全生育期根际局域碳与养分循环过程、地上－地下碳与养分互馈原理，利用绿色智能肥料、生物刺激素、微生物菌剂等绿色投入品，重点突破以根际局域全生育期调控技术、根际局域碳氮调控技术、根际氮阻控技术、地上－地下碳与养分耦合技术为核心的根际生命共同体调控技术，优化根际微环境，激发根系－土壤－微生物互作效应，发挥根系与根际微生物的生物学潜力，协同实现土壤碳氮共济增产与固碳培肥，减少氮素损失，提高土壤磷利用效率，进而从数量、时间、空间多维度精准匹配高产群体水肥需求，为作物绿色高产高效提供了理论依据与技术支撑（图 4-2）。

1. 根际局域全生育期调控原理与技术

基于根际局域调控思路，利用条施、穴施、滴灌等根际局域调

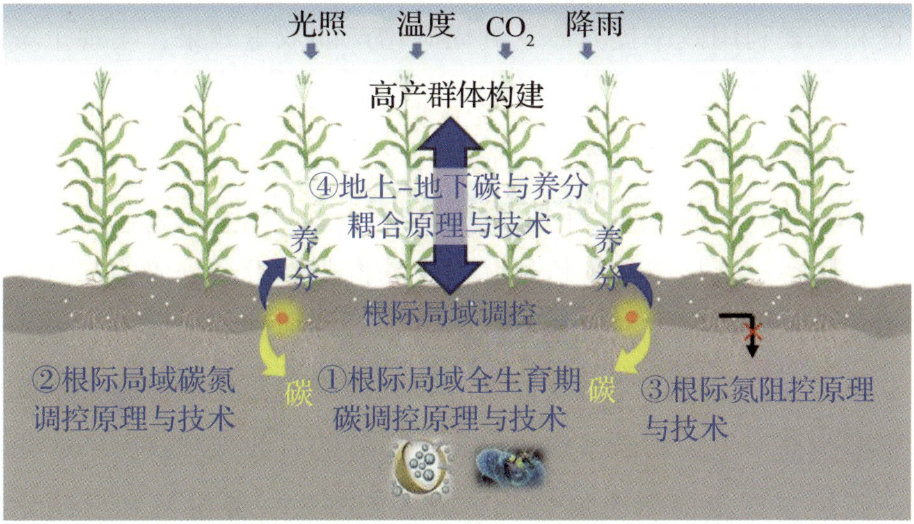

图 4-2 根际生命共同体调控原理与技术

控的技术手段，进行作物全生育期的根际局域养分调控。该技术通过根际局域养分调控，控制养分浓度与供应时间，改变根际养分环境与微生物群落，促进根系大量增生，扩大根系吸收面积，并维持生长中后期根系活力，保证作物生长中后期依旧保持较高的养分吸收与地上部光合强度，保证生长中后期叶片光合碳累积与地下根系养分协同增效，最终实现绿色高产高效目标（图 4–3）。

2. 根际局域碳氮调控原理与技术

根域土壤碳氮共济，通过改良植物根系微域土壤，实现根系增碳沃土和植物氮高效吸收。其核心是调节根域环境中碳、氮元素的良性循环与转化，实现“以氮促碳、以碳保氮”的碳氮协同增效，从而提升根域根系固碳和作物氮高效吸收。主要通过根系微域扩源增碳改土、根域新型有机无机肥配施、根际微域土壤结构改良等策略，提高根域土壤微生物活性，驱动微生物代谢高效积累，形成“碳泵效应”，同时碳氮代谢的化学计量平衡有助于抑制碳排放和促进氮释放，最终为植物提供良好微域生境，实现局域带动全域土壤改良和氮素利用效率提升，达到固碳增产的双重效果，实现土壤越种越肥的良性反馈循环（图 4–4）。

3. 根际氮阻控原理与技术

根际氮阻控技术通过调控根际微域以减少氮素流失，同时提高氮肥利用率。其核心是解析根际微生物群落、根系分泌物与氮素循环的互作机制，调控氮素在根际土壤中的迁移转化和氮素供应，抑制氮素损失，促进作物对氮素的吸收利用。主要技术措施包括施用氮肥抑制剂、生物刺激素等以提高土壤氮的有效性和氮素的矿化潜势，延缓铵态氮向硝态氮转化，减少氨挥发、氮淋溶和反硝化损失；利用功能微生物促进氮素固定和储存；通过深施肥料、水肥一

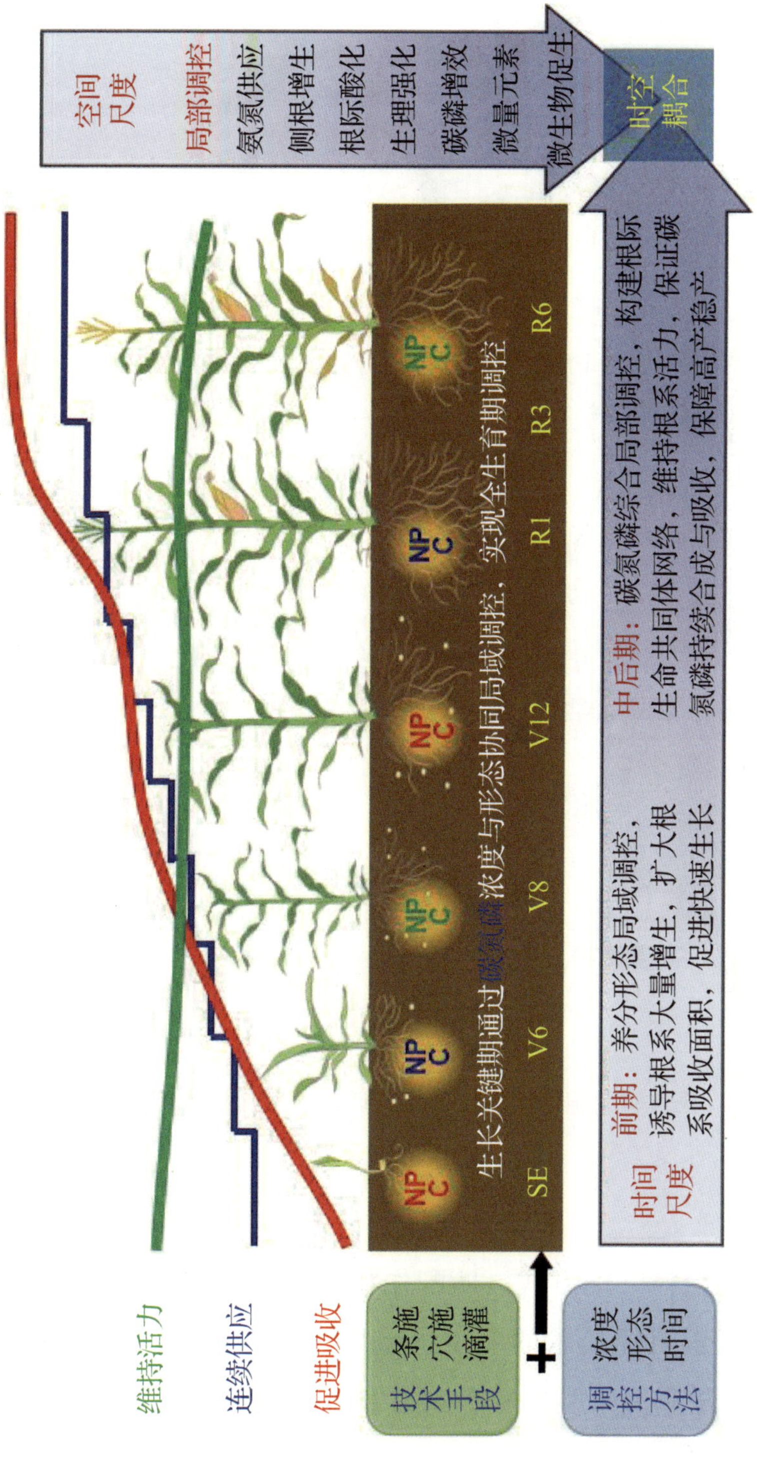

图 4-3　根际局域全生育期调控原理与技术示意图

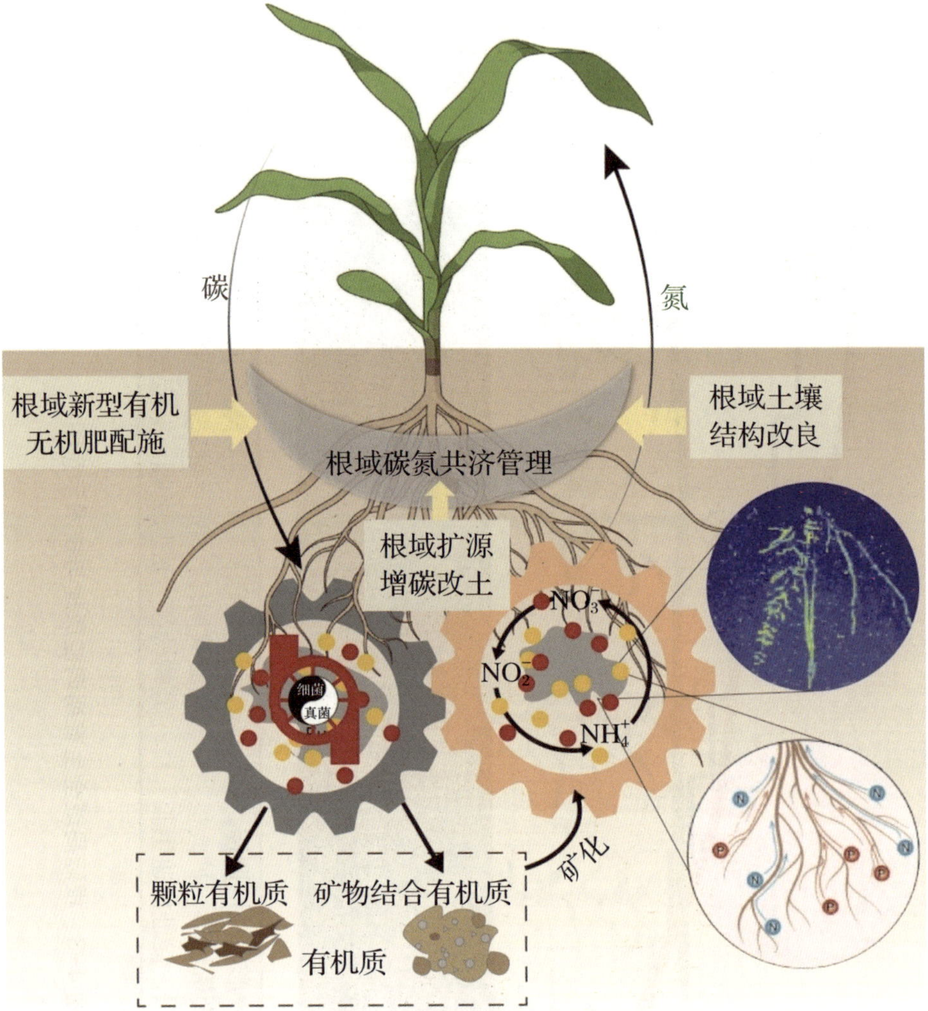

图 4-4 根际局域土壤碳氮调控原理与技术示意图

体化等优化肥料管理方式，匹配作物氮素需求规律，提高氮肥利用率。根际氮素阻控技术的应用可减少活性氮排放，减少环境污染，提升作物产量和氮素利用率，助力农业绿色发展（图 4–5）。

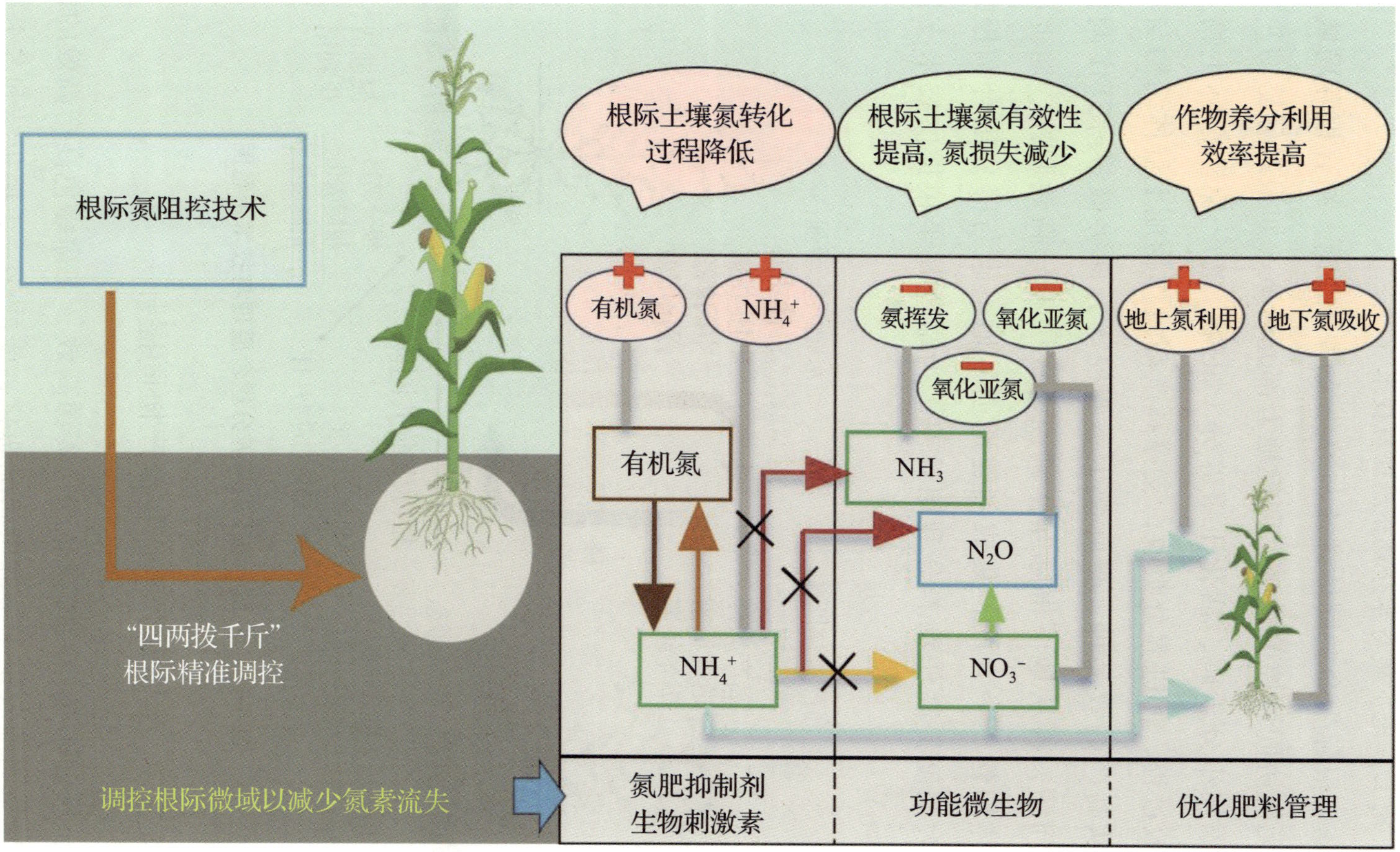

图 4-5　根际氮阻控原理与技术示意图

4. 地上－地下碳与养分耦合原理与技术

基于根际生命共同体碳流与养分流耦合理论，结合根际局域有机和无机协同调控等措施，调控地上部光合碳（如根系分泌物）或外源添加小分子碳，活化土壤养分（如磷、氮），驱动根际生物互作增效过程，促进养分吸收，支撑高产高效作物地上群体结构与功能。从高产高效品种、根际微生态调控等方面突破根际互作调控瓶颈问题，再从地下根际互作调控、根层养分高效调控、地上高产群体构建3个方面，集成创建地上－地下碳与养分耦合调控技术，大幅度提高作物养分利用效率，为绿色吨半粮提供技术支持（图4–6）。

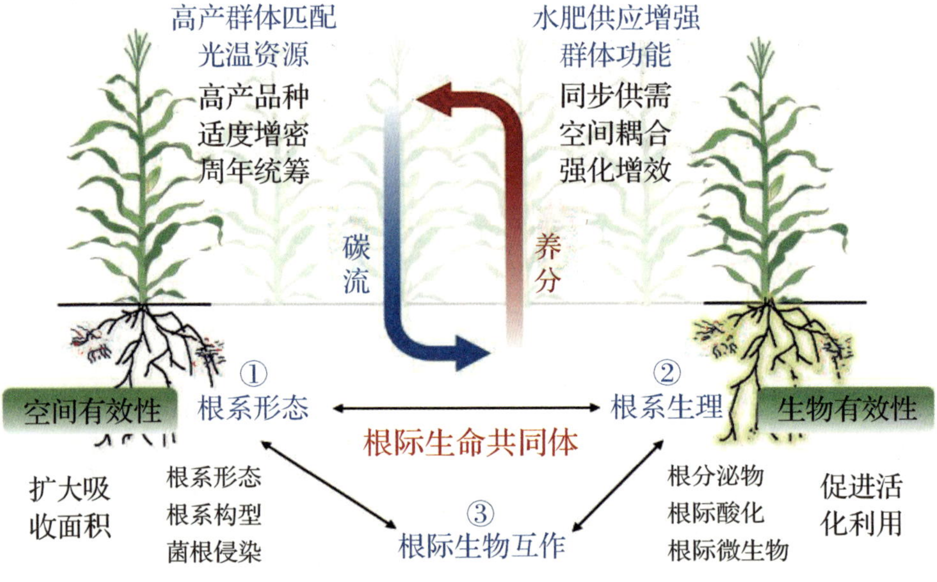

图4–6　地上－地下碳与养分耦合原理与技术示意图

4.2.3　土壤健康与作物高产协同提升

土壤健康是协同作物高产与资源高效、支撑绿色高产高效的核心要素。当前农田土壤健康状况恶化，受酸化、土壤板结和养分失衡等多种障碍因子制约，有机质含量低、生物活力低、病虫害多发，严重限制了土壤多功能性和作物产量的提升。健康土壤与产能协同提升的思路分为 3 个部分（图 4–7）：①靶向消除障碍，消除明显的障碍因子，找到限制因素，靶向消障；②土壤健康构建，以“根际生命共同体”理念为核心，精准调控作物根系性状，激活植物 – 根际 – 土壤微生物协同，提高土壤生物多样性，消减病虫危害，促进土壤养分转化与物质周转，减少外源投入，提高团聚体稳定性，加速土壤有机碳（SOC）积累，强化碳 – 养分 – 水循环；③产能协同提升，在发挥作物自身优势的同时通过作物多样化、有机配施、覆盖作物和保护性耕作等措施，提升作物产能，并通过秸秆高效还田、生物耕作等措施改善土壤质量，实现土壤健康与作物高产协同提升。

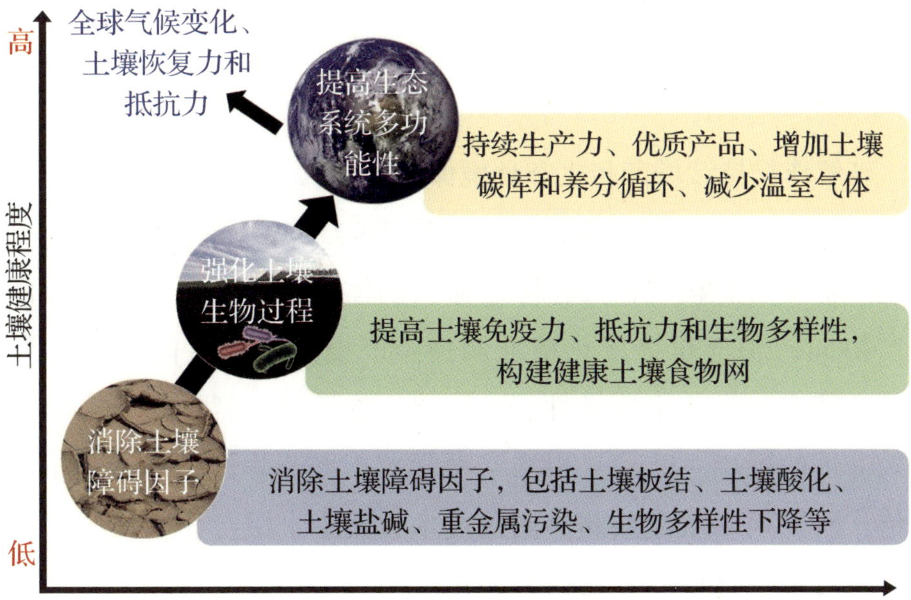

图 4–7　土壤健康与作物高产协同提升示意图

4.3.4 全程智慧化精准管控

以绿色高产高效为目标，整合耕 – 种 – 管 – 收全程智慧管理技术，利用现代传感器和物联网技术，将气候、土壤温湿度、作物生长状况、营养状况、病虫草害遥感诊断等“天 – 空 – 地”实时监测信息上传到作物智慧管理平台，并结合 AI 数据分析与模型校正，形成科学的决策与田间管理建议，将农艺 – 农机 – 信息技术有机融合形成全程智能管控技术，在高效调动多项资源的同时，提升作物产量和可持续性（图 4–8）。主要核心技术包括北斗导航驾驶技术、耕层扩容增碳技术、智慧播种技术、基于土壤墒情监测的智慧灌溉技术、周年水肥药一体化技术、无人机苗情诊断与智慧施肥技术、无人机高效精准喷药及变量追肥技术、智能测产收获技术。全程智慧管控技术模式与智慧农场的建设，将传统农业经验与现代科技手段相结合，实现从“靠经验”到“靠数据”的转变，推动大田粮食生产走向精准化、智能化和可持续化。

4.3 创新与突破

破解作物持续增产与生态环境保护协同难题的关键是创新绿色高产高效技术。重点围绕以下四大研究方向开展科技突破（图 4–9）：①高产群体智慧构建；②根际生命共同体调控；③健康土壤培育与高产协同；④全程智慧化精准调控。以根际生命共同体理论为指导，在特定气候 – 土壤条件下，构建作物高产智慧群体，明确高产高效群体的冠层 – 叶片 – 根系 – 根际 – 土壤连续体关键指标体系及阈值，研发根际生命共同体调控技术、健康土壤与作物高产协同技术，融合机械化、信息化与智能化手段，采用人工智能大模型、高精度识别技术与装备，建立土壤 – 作物系统全程智慧精准管控技术

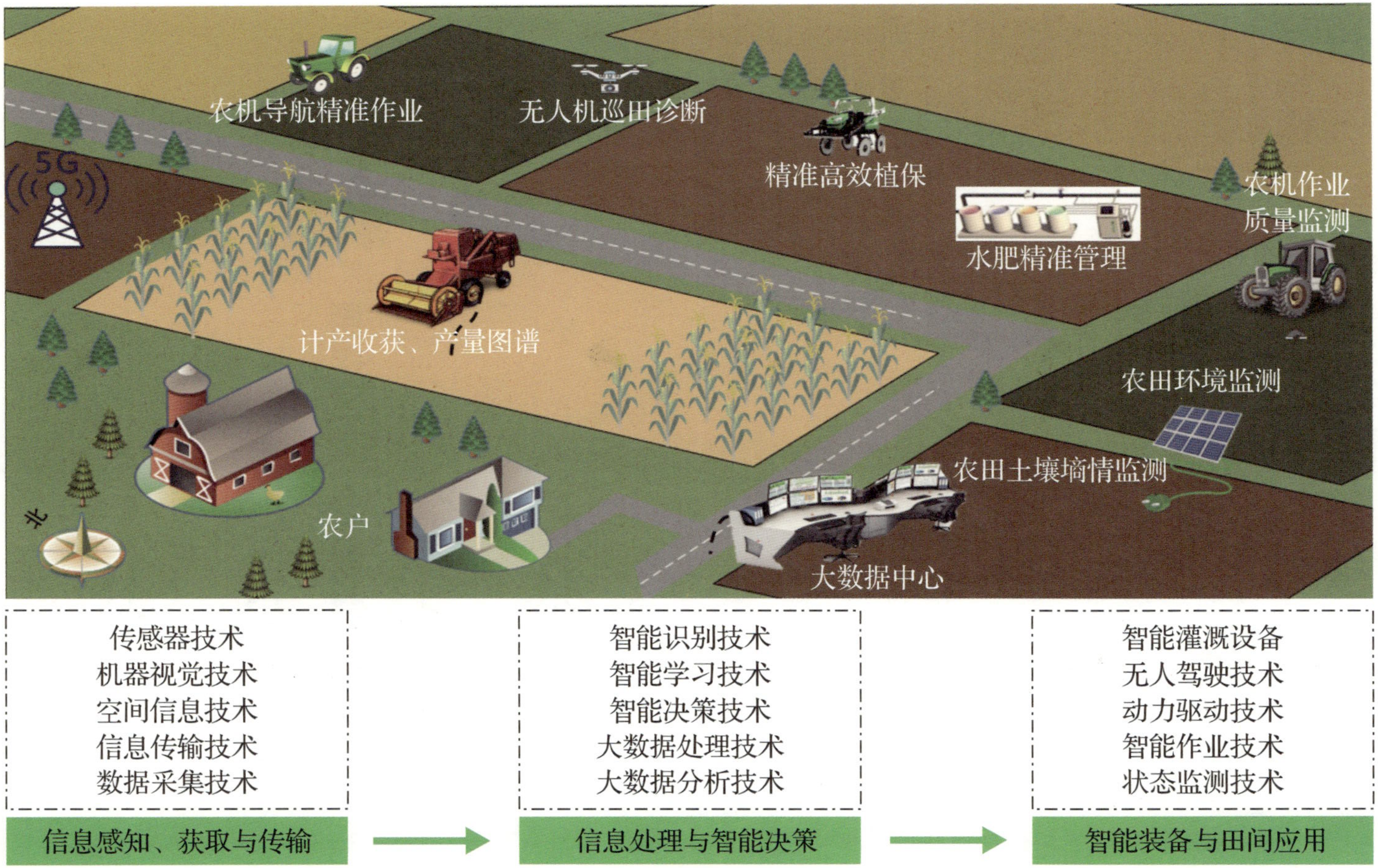

图 4-8　融合根际生命共同体技术的全程智慧精准管控技术

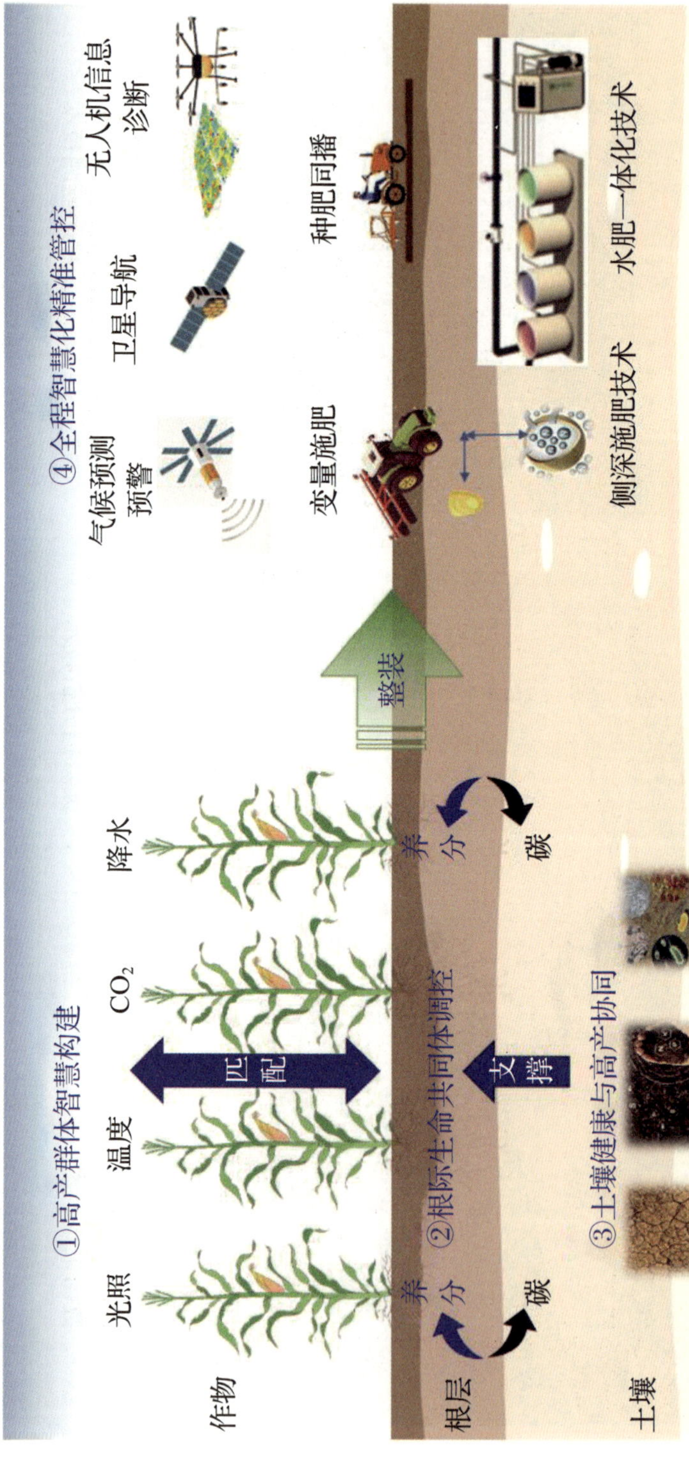

图 4-9 绿色高产高效技术创新思路图

模式。通过农业资源与环境、作物学、农业工程和计算机科学与技术等多学科交叉创新，研究粮食主产区作物高产、资源高效和环境减排的协同机制以及多目标协同的技术体系，并在全国粮食主产区进行大面积示范与验证。

4.4 案例与进展

4.4.1 绿色吨半粮示范方创建

绿色高产高效技术的重要抓手与典型案例是绿色吨半粮工程。该工程是张福锁院士团队在国家提出《新一轮千亿斤粮食产能提升行动方案（2024—2030 年）》的背景下，首次提出的一种高产高效且环境友好的绿色粮食行动，目标是实现每亩耕地全年粮食产量达到 1.5 吨（即 3 000 斤）及以上，同时实现氮肥利用效率 50 kg/kg 以上，灌溉水利用效率 2 kg/m^3 以上，温室气体排放量不高于 400 kg CO_2-eq/ 亩，亩增收 1 000 元以上，旨在通过科技创新驱动粮食生产与生态保护的双赢，推动农业可持续发展。

绿色吨半粮示范方如何创建？以区域主流周年种植体系为研究对象，分析区域光、温、土壤、灌溉等资源禀赋、立地条件以及作物特征，选取一个典型大户的千亩攻关方，通过调研、取样等研究方法，明确限制作物高产高效的关键因子；在百亩核心方，针对性研发集成高产群体智慧构建、根际生命共同体关键调控技术、健康土壤与作物高产协同技术、全程智慧化精准管控技术的绿色高产高效技术，通过百亩核心方技术攻关，将粮食产能提升至每亩 1.5 吨的水平，同时大幅度提高水肥利用效率。在千亩攻关方探索绿色增粮经营模式，培育高素质社会化服务主体，通过绿色吨半粮竞赛等活动，逐步通过全托管、半托管技术服务，实现更大面积的绿色高产高效（图 4-10）。

4.4.2 曲周绿色吨半粮典型案例

2023 年 4 月，发起曲周绿色吨半粮科技大会战行动。在河北曲周县第四疃镇典型的瘠薄轻度盐渍化中低产田设立攻关千亩方，通过融合“土－肥－水－种－管”关键技术，以光、温、水、肥、土资源高效利用为核心，选用高产早熟优质小麦和高产耐密玉米品种，集合绿色智能肥料产品，集成利用“黄淮海地区冬小麦－夏玉米周年‘四密一稀’浅埋滴灌水肥药一体化绿色生产技术”（图 4-11），2024 年小麦玉米周年亩产达 1.522 吨，比全县平均增产 42%；化肥利用效率达 55 kg/kg，增效 40%，减排 46%；水分利用效率达 2.16 kg/m^3，节水 30%，亩节本增收 795 元，突破了绿色吨半粮目标（图 4-12）。在探索技术应用和规模化经营过程中，以“政府引导、科技推动、村镇组织、企业供资、专业服务”的工作机制，创立了新型农业社会化服务产业联盟，打造“百亩核心田＋千亩攻关方＋万亩示范片”联动示范基地，逐步形成了“科技小院＋政府＋企业＋合作社＋小农户”多主体共管共赢的经营模式。

4.5 全国绿色吨半粮工程

全国绿色吨半粮工程以“3+N”区域协同模式为核心，通过与全国养分资源管理协作网及绿色吨半粮协作网的深度合作，推动粮食生产绿色高效发展。该工程重点聚焦三大核心区域：华北平原小麦－玉米体系、西北绿洲玉米体系、江淮水稻－小麦体系。三大区域覆盖东经 70°～140° 的广阔地带，形成南北联动、东西互补的粮食生产格局。

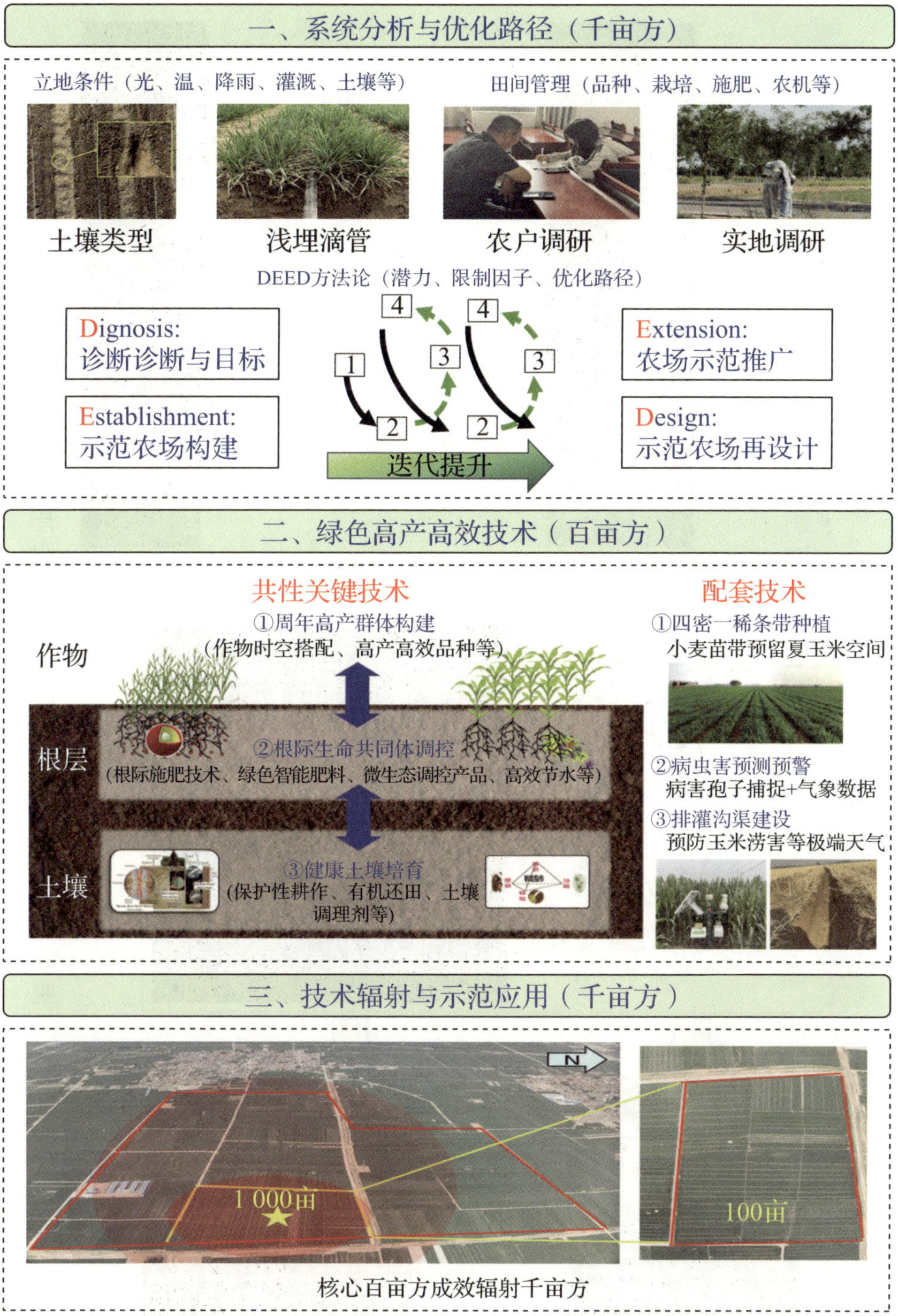

图 4-10　绿色吨半粮示范方创建研究方法体系

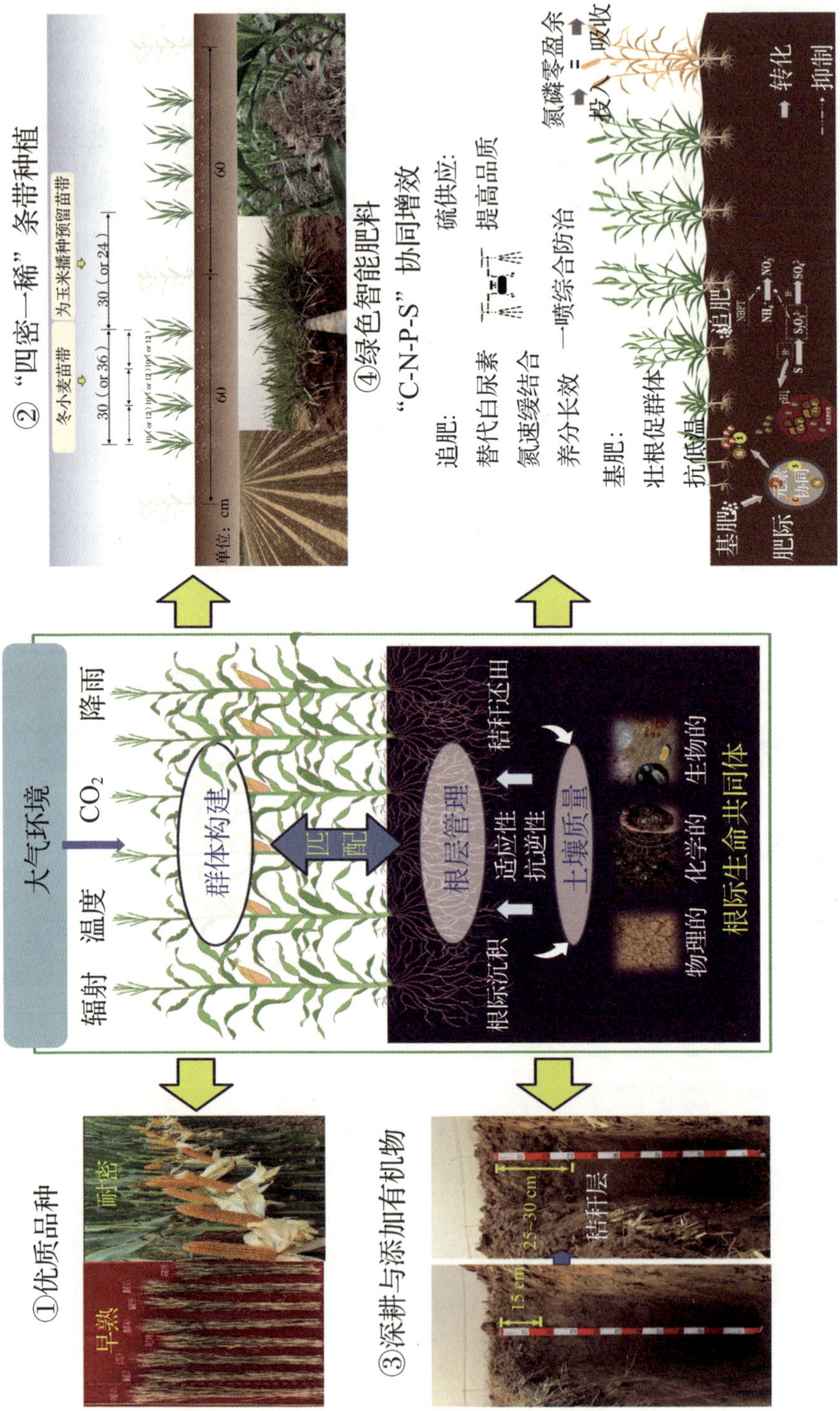

图 4-11 基于根际生命共同体理论的绿色吨半粮技术体系

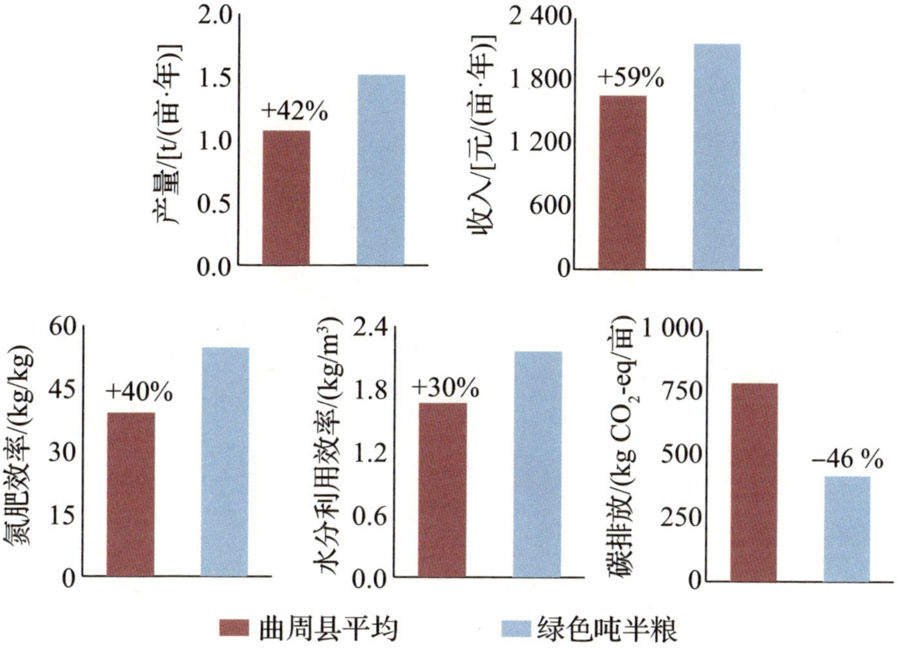

图 4-12　曲周 2024 年绿色吨半粮千亩示范方成效

“N”代表动态扩展的潜力区域，协作网通过技术共享与资源调配，逐步将绿色吨半粮模式辐射至更多生态类型区。吨半粮工程依托协作网的数字化管理平台，集成土壤养分监测、气候适应性分析等数据，为区域精准施策提供支撑。通过这一模式，旨在实现粮食产量提升、资源高效利用与绿色生产的多重目标，为全国粮食安全与农业可持续发展提供示范样板（图 4-13、表 4-1 至表 4-3）。

全国“3+N”绿色吨半粮工程

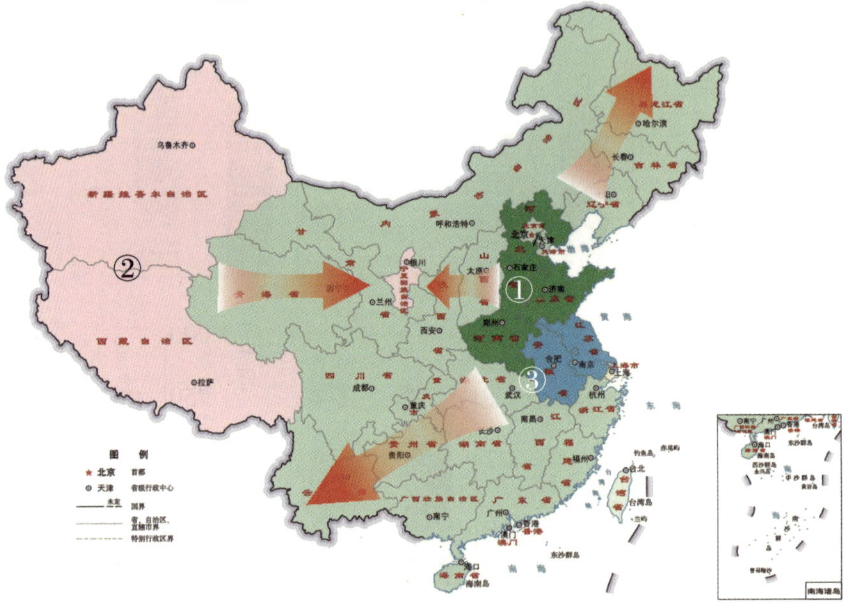

N主要粮食作物生产区

全国资源管理协作网		肥料产业协作网		绿色吨半粮协作网	
50+	500+	80+	150+	27+	35+
单位	人次	单位	人次	高校	教师团队

①华北小麦-玉米体系

②西部春玉米/小麦-玉米体系

③江淮水稻-小麦体系

图 4-13　全国绿色吨半粮三大核心区域布局图

表 4-1 华北小麦玉米体系

一级指标	二级指标	小麦	玉米
粮食产能	2025 年产量	600 ～ 650 kg/ 亩	750 ～ 800 kg/ 亩
	2030 年产量	650 ～ 700 kg/ 亩	800 ～ 850 kg/ 亩
绿色度	2025 年氮肥利用率	30 ～ 40 kg/kg	40 ～ 50 kg/kg
	2030 年氮肥利用率	40 ～ 50 kg/kg	50 ～ 60 kg/kg
	2025 年灌溉水利用率	1.5 ～ 2.0 kg/m^3	2.0 ～ 2.5 kg/ m^3
	2030 年灌溉水利用率	2.0 ～ 2.5 kg/ m^3	2.5 ～ 3.0 kg/ m^3

表 4-2 西部春玉米 / 小麦 - 玉米体系

一级指标	二级指标	春玉米	小麦
粮食产能	2025 年产量	1 350 ～ 1 450 kg/ 亩	
	2030 年产量	1 500 ～ 1 600 kg/ 亩	
绿色度	2025 年氮肥利用率	40 ～ 50 kg/kg	
	2030 年氮肥利用率	50 ～ 60 kg/kg	
	2025 年灌溉水利用率	3.0 ～ 3.5 kg/ m^3	
	2030 年灌溉水利用率	3.5 ～ 4.0 kg/ m^3	
一级指标	二级指标	夏玉米	冬小麦
粮食产能	2025 年产量	750 ～ 800 kg/ 亩	600 ～ 650 kg/ 亩
	2030 年产量	800 ～ 850 kg/ 亩	650 ～ 700 kg/ 亩
绿色度	2025 年氮肥利用率	40 ～ 50 kg/kg	30 ～ 40 kg/kg
	2030 年氮肥利用率	50 ～ 60 kg/kg	40 ～ 50 kg/kg
	2025 年灌溉水利用率	2.5 ～ 3.0 kg/ m^3	2.0 ～ 2.5 kg/ m^3
	2030 年灌溉水利用率	3.0 ～ 3.5 kg/ m^3	2.5 ～ 3.0 kg/ m^3

表 4-3 江淮水稻 - 小麦体系

一级指标	二级指标	水稻	小麦
粮食产能	2025 年产量	800 ～ 850 kg/ 亩	500 ～ 550 kg/ 亩
	2030 年产量	850 ～ 900 kg/ 亩	550 ～ 600 kg/ 亩
绿色度	2025 年氮肥利用率	40 ～ 45 kg/kg	30 ～ 35 kg/kg
	2030 年氮肥利用率	45 ～ 50 kg/kg	35 ～ 40 kg/kg
	2025 年灌溉水利用率	1.5 ～ 2.0 kg/m^3	
	2030 年灌溉水利用率	2.0 ～ 2.5 kg/m^3	

5　绿色智能肥料

5.1　前沿问题与挑战

5.1.1　肥料产业发展现状

自新中国成立以来，我国肥料产业经历了从无到有、从小到大、从不足到过剩的发展演变，涉及国民经济诸多行业，也承担着多个行业的创新发展重责（图 5-1）。肥料产业是资源消耗大户，资源消耗量占全国总量的比例分别为煤炭 2%、天然气 3%、磷矿 80%、硫资源 60%；也是流通领域大户，全年物流总量超过 1.7 亿吨次，占全国铁路运量的 11%、公路的 5%、水运的 2%，是目前农业电商发展的关键卡口；也是经济大户，工业总产值在农业投入品中居第一位，年产值约 1 万亿元，而间接带动的农业增产、提质价值空间更大，约 8 万亿元，农产品加工 20 万亿元，农业生产性服

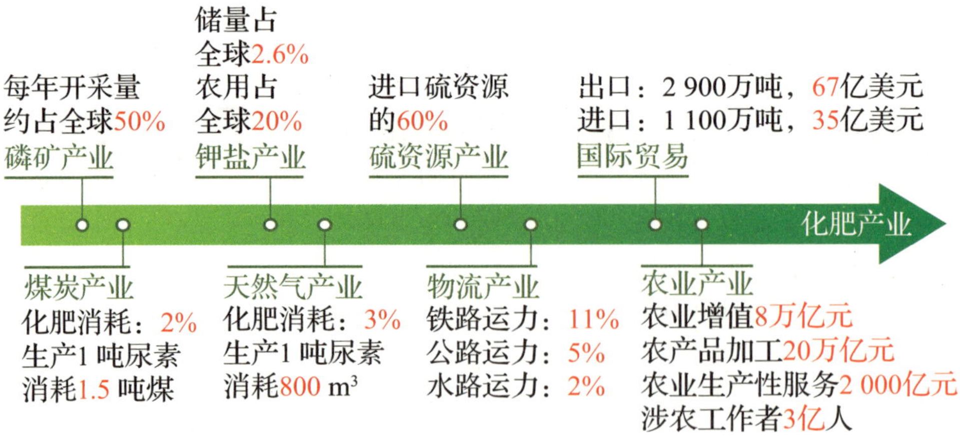

图 5-1　化肥产业涉及的资源、工业、农业、贸易等多方面的情况

务 2 000 亿元。肥料产品种类经历了从低浓度到高浓度的发展历程，形成了如今以高浓度肥料产品占据绝对主导地位的市场格局。

当前，我国生产了全球约 25% 的肥料，其中氮肥约占 25%，磷肥超过了 35%，钾肥约占 13%；从消费上来讲，我国化肥消费量占全球的 24%，其中氮肥、磷肥和钾肥分别占 22.9%、25.5% 和 26.4%，我国已成为全球第一大肥料生产与消费国。近年来，全球肥料需求量不断增加，而我国则呈现不断下降趋势。但总体而言，我国肥料产品仍然呈现出氮磷钾养分浓度高、水溶性养分占据主导地位、产品种类结构单一等特点。面向农业绿色发展目标，延续 40 余年的传统化肥产业工农脱节、高耗高排、市场单一驱动的生产与发展方式，无法有效匹配现代高产优质绿色农业生产所需。如何实现粮食安全、资源高效、环境友好、营养健康、绿色低碳多目标协同发展仍面临巨大挑战。创新面向农业绿色发展的肥料生产新技术、新工艺，创制新型肥料产品，已成为肥料产业绿色转型和可持续发展的迫切需求。

5.1.2 主要研究进展

全球化肥工业发展从最开始以生产单质肥料为主，到后来根据农业需求开始生产复合肥料，尤其是在 20 世纪 80 年代开始兴起 15–15–15 平衡型配方复合肥料，直接推动了肥料的简便化应用。随着现代肥料生产技术的提升，在国家测土配方施肥工程等的支持下，我国于 21 世纪初推动化肥工业发展，实现了复合肥料产品配方的多样化，专用型配方开始逐渐增加，目前已成为肥料企业发展的重点产品。近 20 年来，全球和我国肥料产业发展进入了快车道与创新期。国际上重点发展了稳定性氮肥、水溶性肥料、控释肥料、纳米尿素和纳米磷酸二铵等肥料产品，而我国则重点发展如海藻酸、氨基酸等生物刺激素类产品。

近10年来，随着生态环境保护压力不断增加，肥料产业开始走上了减排降污、扩绿增长的发展轨道，尤其是针对利用煤炭、天然气等生产氮肥过程产生的碳排放大的难题，全球开始探索利用可再生能源合成氨，如2022年西班牙生产出了全球第一批利用绿氢生产的复合肥料，国际肥料巨头雅苒（Yara）于2021年在挪威启动的全球最大的绿氨减排项目于2024年投入运营。同时随着现代人工智能技术、信息技术、现代高科技检测技术的发展，对植物–土壤–微生物系统的作用过程及其调控原理的认知越来越深入，智能化成为了肥料产品创新的前沿方向。

面向新时期工业与农业绿色发展的挑战，肥料创新由过去单一调控肥料营养功能增效的技术策略，向综合调控"肥料–作物–土壤"系统增效的策略转变，由单一功能的新型肥料变为综合性、多功能的产品，向功能化、高效化、生态化发展。基于当前肥料工业与农业应用所面临的资源环境压力、粮食安全保障、营养品质提升、工农业绿色低碳等挑战形势，全球肥料产业界、科研界和政府都关注了肥料产业的绿色化、智能化发展，国际上提出了Green and Smart Fertilizer的创新思路，国内提出了绿色智能肥料（Green Intelligent Fertilizer）的创新思路。肥料作为工业生产与农业应用的重要纽带，是工农全产业链融合绿色发展的重要物质基础（图5–2）。在绿色方面，国内外重点关注了从肥料原料开采到产品生产过程的低耗低排、矿产养分资源全量利用等问题。针对磷肥生产过程产生的副产/废弃养分资源，张福锁院士团队提出了矿产养分资源全量利用的思路，即可通过全程利用、再利用、中间品和伴侣型策略来实现矿产养分资源全量化利用，应用先进绿色制造工艺或技术，实现对其中的养分资源最大化利用，使其具有提供植物养分的属性。在智能化方面，国内外均处于研究与开发前沿、产业化起步阶段。国际上将智能肥料称为“Smart Fertilizer”，重点强调了肥料养分控制释放或者缓慢释放，以期更好地与作物养分需求相匹配，主要的肥料类型包括缓 / 控释肥料、稳定性肥料、纳米肥料、生物肥料、生物刺激素肥料等，主要是通过响应型材料、纳米技术、微生物、土壤养分活化利用等方式实现智能化。在微生物调控型方面，当前热点领域是利用微生物或者其代谢产物，抑或通过调控微生物生命活动过程，实现智能调控的物化，目前已然成为不少生物科技型企业与相关领域研究开发的前沿热点，如禾本科植物自生固氮。在目前产业发展的基础上，张福锁院士团队于 2021 年提出了绿色智能肥料的创新理念，其中智能是指代人工智能与土壤 – 作物系统智能调控，即强调了 Intelligent，人工智能着重强调智能算法设计与布局肥料产品、肥料生产过程的智能制造等（图 5–2）；土壤 – 作物系统智能调控则强调了植物生长的复杂性，可借助生物大语言模型设计靶向调控途径，充分发挥肥料的营养与信号功能，包括环境匹配（调节 pH、水分、氧化还原等）、根际微域调控，以及对植物、微生物和土壤之间相互关系的精准理解，即创新环境匹配型、植物响应型和微生物调控型智能肥料。

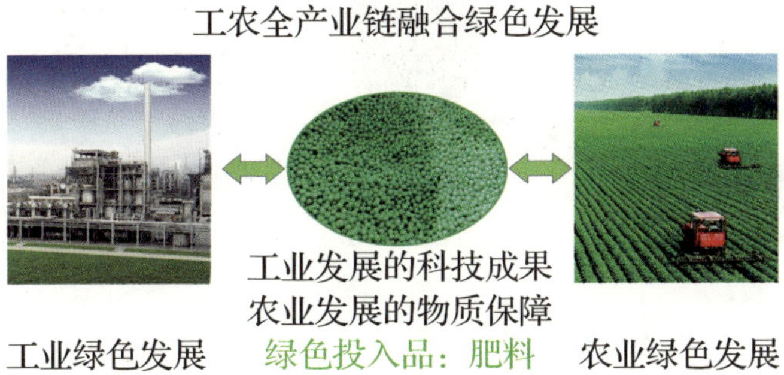

图 5–2　绿色智能肥料发展战略定位

5.1.3 面临关键问题与挑战

肥料是粮食的“粮食”，是保障国家粮食安全、人类营养健康、资源高效利用与环境可持续发展的重要战略物资，更是养活全球81亿人的基本保障。迈入新时代，在全国社会经济特别是工农业绿色转型的形势下，肥料创新面临着协同实现粮食安全、资源高效、环境友好、营养健康、绿色低碳的巨大挑战。第一，传统化肥产业模式存在产能过剩、环境排放量大的问题，难以保障粮食安全与绿色发展的协同，尤其是绿色吨半粮的建设更是需要化肥产业与产品创新取得重大突破。第二，化肥产业存在着高耗高排的环境问题，难以满足“碳达峰、碳中和”和“绿色发展”的新需求。第三，我国化肥产业创新能力不足，研发投入和动力不足，产业集中度低，缺乏工农融合的化肥产业创新体系，难以支撑化肥产业“绿色革命”。为破解上述重大难题，张福锁院士团队提出了绿色智能肥料的概念与产业化途径，创新绿色智能肥料是破解化肥产业绿色发展瓶颈的突破口（图5–3）。

农业需求倒逼工业转型：农业设计，需求导向

工业转型支撑农业发展：工农匹配，效率驱动

图5–3 绿色智能肥料研发的总体思路

5.2 主要研究内容与方向

以土壤–植物–微生物–肥料–环境之间的协同互作原理为理论基础，构建了匹配土壤、匹配作物、匹配气候环境条件的绿色智能肥料创制新学术思路，提出了绿色智能肥料的理论框架、关键科学问题、研发路径以及未来突破的重点，为多学科交叉创新、工农融合全产业链绿色发展的解决方案设计与实现提供借鉴，旨在推动我国化肥产业绿色转型升级，支撑农业绿色发展。

绿色智能肥料是指根据作物–土壤–环境相匹配的植物营养调控原理，采用大数据智能算法进行有针对性的定向匹配设计，应用先进绿色制造工艺生产的具有作物根际效应激发、养分精准匹配和矿产资源全量利用的一类新型高品质肥料，具有养分高效、低碳环保、低排无废、资源全量利用的绿色特点，施用后具有能高效挖掘作物的生物学潜力、与根系“对话”激发根际效应、响应气候和土壤条件、精准匹配作物需求的智能特点。绿色智能肥料改变传统给土施肥的方式，注重调节和调动根系生长的能力，强调根际生命共同体对养分高效的应答与生物互作级联放大效应，能够最大化作物生物学潜力，绿色智能复合肥料是其产业化的高端物化产品。绿色智能肥料不仅具有更好的增产提质和培肥土壤作用，而且是引领工农全链条融合与化肥产业绿色转型的重要切入点。绿色智能肥料包括五大内涵（图 5–4），分别是①作物：生物感知，根肥互馈；②土壤：环境应答，精准释放；③时空：动态匹配，供需协同；④绿色：低耗低排，全量利用；⑤产品：精准配伍，工业实现。如何创制符合这五大内涵的绿色智能肥料就是新产品创制研发的重点内容与突破方向。

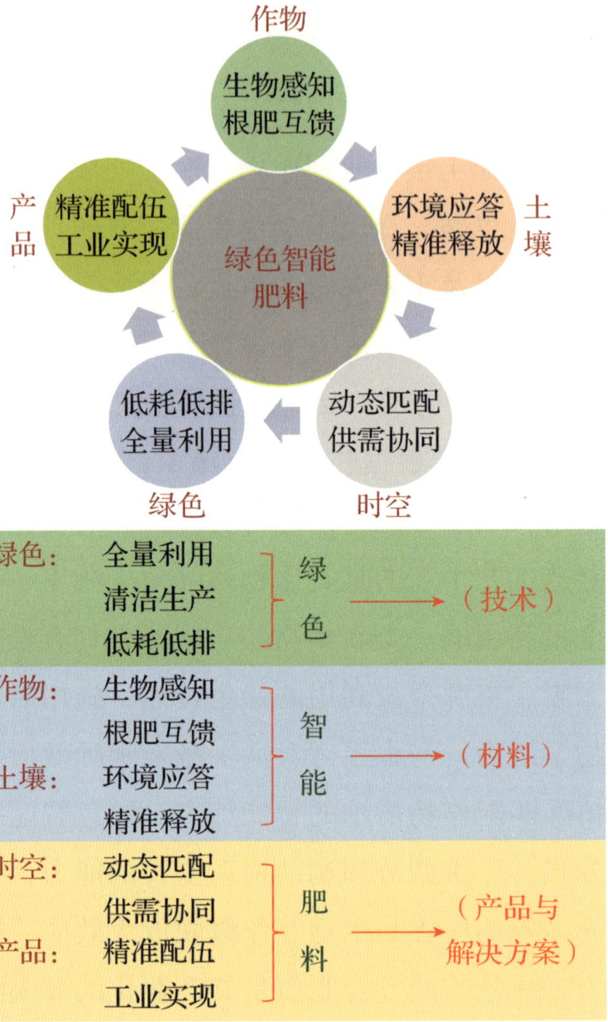

图 5-4 绿色智能肥料的五大内涵及相互关系

5.2.1 核心突破

1. 智能匹配土壤与环境

作物生命活动受环境条件的显著制约。低温条件下作物的生长发育速度显著降低，其养分吸收量和吸收速度均显著下降；几乎所有养分的有效性均受到土壤含水量的影响，包括根系发育以及养分迁移，硝态氮、磷、钾尤其如此。绿色智能肥料可根据环境条件的变化，自主调节养分释放的强度，以便与作物营养需求相匹配，既注重对土壤障碍因素的调控，更注重根际微域环境因子的智能响应和反应。如采用分子亲水材料制作包膜，肥料只有在土壤含水量达到一定的阈值时才能充分吸水崩裂从而释放养分。除水分以外，土壤 pH 也是影响养分有效性的重要因素，绿色智能肥料的养分释放也可依赖于土壤 pH 的变化，甚至对根分泌的有机酸、土壤温度做出反应，通过对环境应答的控制与调节，实现养分的精准释放（图 5–5 和图 5–6）。

2. 智能匹配作物

作物根系或土壤微生物可以强烈感知养分的供应，作物根系、根际效应与肥料能产生互馈增效作用，并通过根际生命共同体的级联放大效应最大化肥料的功能。绿色智能肥料的作物匹配特点包括作物特性匹配、时间匹配和空间匹配 3 个方面。

（1）作物特性匹配　绿色智能肥料要根据作物的生理特性进行定制。不同作物对养分的需求有独特的偏好，如水稻对硅的需求较高，而澳洲坚果则对磷的量较为敏感。根据作物的需求调节肥料配方，确保作物获得最适合的养分，从而促进生长、提高产量。

（2）时间匹配　肥料的供应需要与作物的生长发育阶段相匹配。作物在不同生长阶段对养分的需求差异较大，通过精确调节肥料的时效性释放，确保肥料供应与作物的生长需求同步。

（3）空间匹配　作物根系的分布随生长过程而变化，肥料的施用需要与根系的分布区域相匹配。绿色智能肥料通过局部调控和精准施肥技术，确保肥料能够有效地供给到根系活跃的区域，促进根际效应的发挥，提升养分的吸收效率。这种作物特性、时间和空间

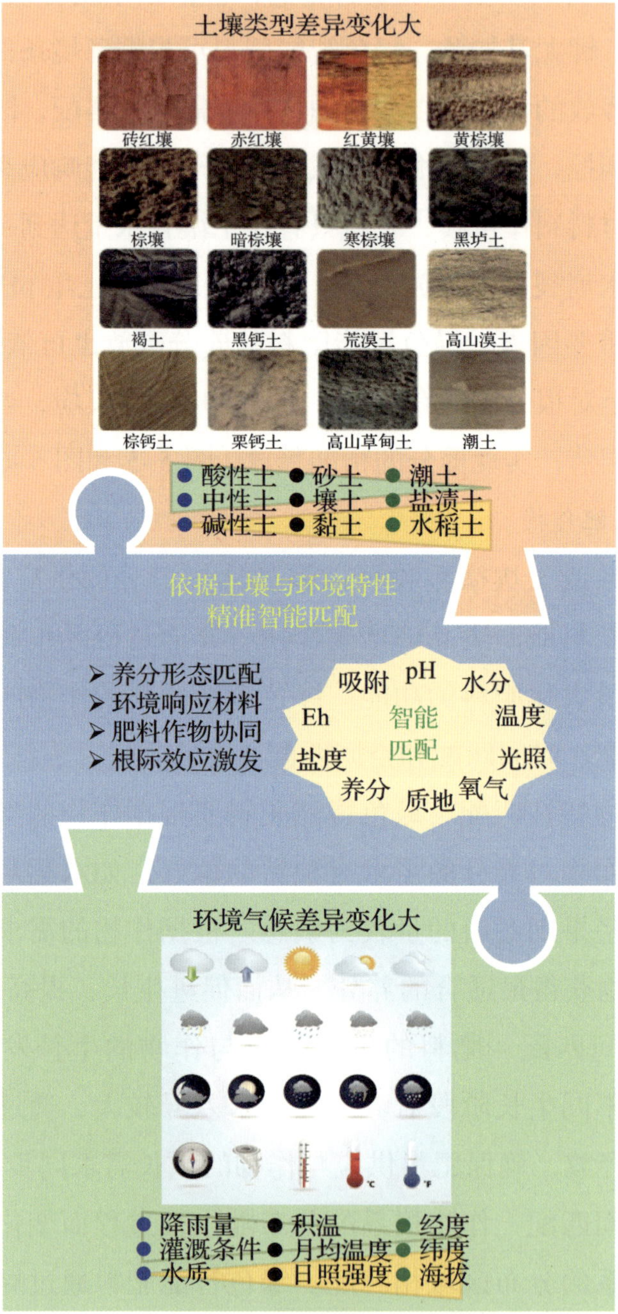

图 5-5　绿色智能肥料与土壤环境智能匹配

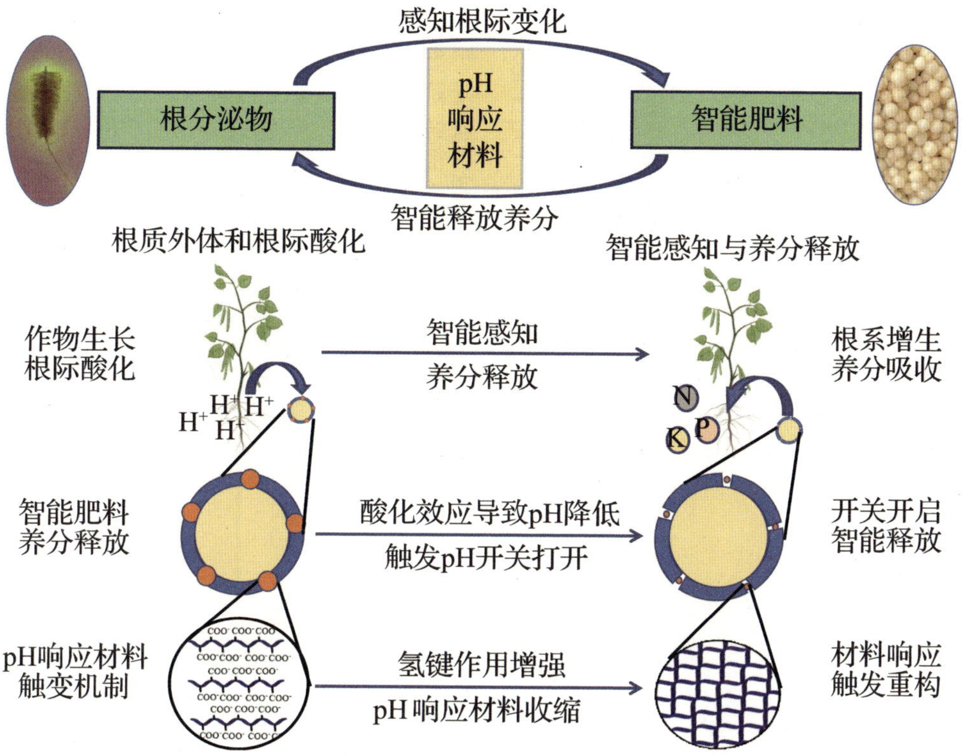

图 5-6 绿色智能肥料对根际土壤 pH 的智能响应

的精准匹配，使绿色智能肥料能够使作物最大化地发挥其生物学潜力，提高养分利用效率，实现绿色农业目标（图 5-7）。

3. 智能匹配微生物

土壤中的微生物，尤其是根际微生物是植物 - 土壤物质交换界面上重要的组成部分。根际土壤微生物的数量是根外土微生物的十倍以上，且根际微生物会形成特定的分类和功能，一些参与有机化合物转化、固氮作用和反硝化作用的基因在根际显著富集。这些微生物如丛枝菌根真菌、固氮菌等对提高肥料的养分利用效率至关重要，但根际微生物的组成、互作关系及功能会受到土壤环境、宿主

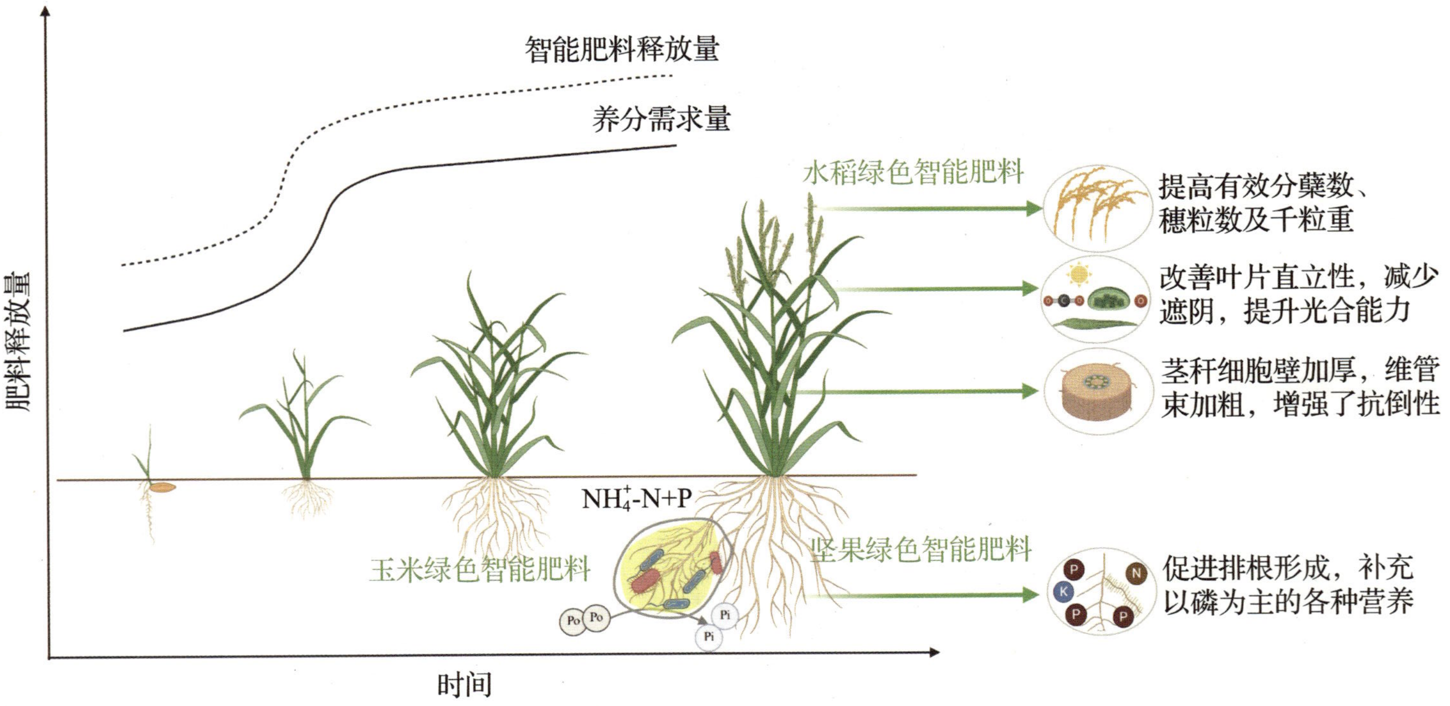

图 5-7 绿色智能肥料创新的作物匹配原理与突破路径

根系分泌物的显著影响。因此，肥料的智能化不仅要通过植物根系调控，还要借助微生物的智能化调控，充分发挥肥料的高效作用，调控方式包括：①肥料对微生物的组装与靶向调控，②微生物在肥料上的智能装载与保活，③人工合成菌群与智能组装（图 5-8）。

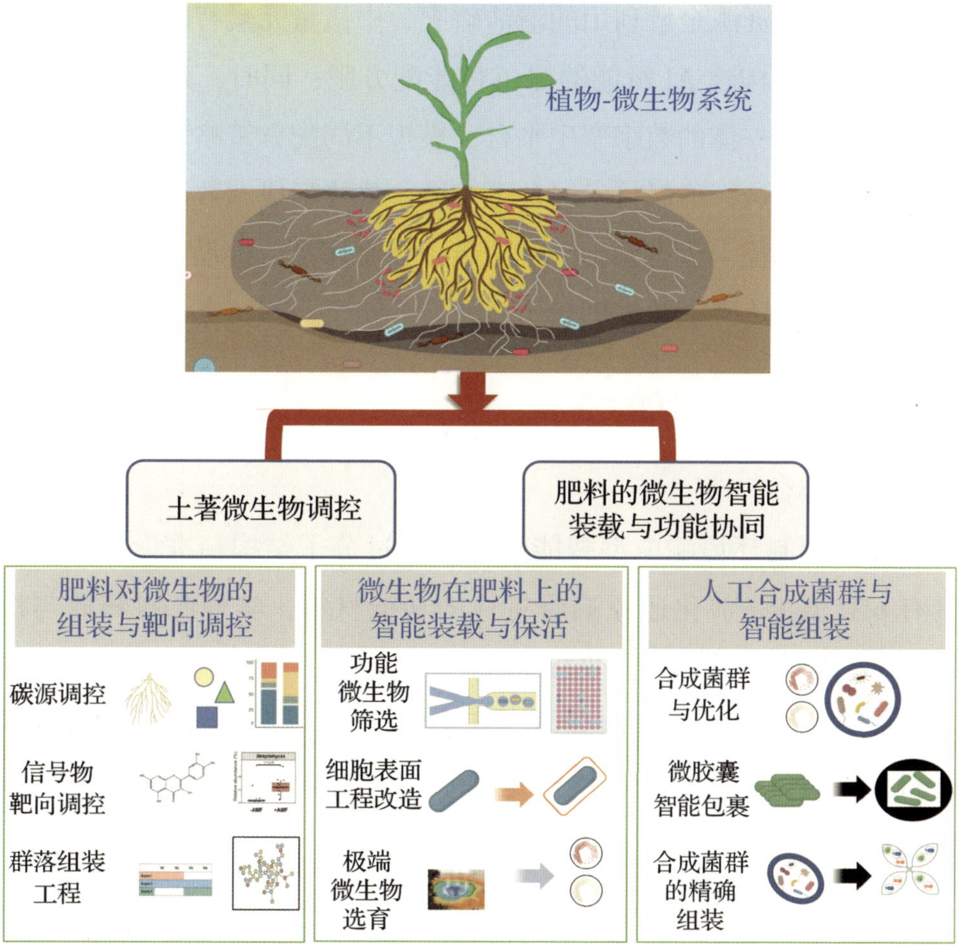

图 5-8　微生物智能调控示意图

4. AI 赋能的智能设计配方

聚焦“农学知识驱动 + 人工智能赋能”的绿色智能配方肥创制，突破现有肥料产品与土壤 - 作物系统匹配性差、根肥互馈能力弱、环境损失大的瓶颈，融合农学专业知识与人工智能、分子结构设计、组合化学等技术，建立多功能定向设计的绿色材料创制新方法与智能控制系统，基于各项养分指标与特定场景的作物－土壤－管理－气候的匹配关系，综合考虑生产工艺，定向设计增效减排缓/控释和稳定性氮肥、基于磷资源全量利用的清洁磷肥、中微量元素智能精准配伍与协同增效肥，构建AI赋能的绿色智能配方肥；同时，建设土壤－作物－环境三位一体的数字孪生平台，模拟不同配方策略对土壤－作物系统的长期影响，确保技术绿色可持续，最终形成"数据采集－智能决策－精准调控－生态验证"的全链条技术体系，推动肥料产业向低碳化、智能化转型（图5–9）。

5.2.2 材料创新

1. 智能材料创制

（1）创制环境响应型智能材料　通过分子结构精准设计，开发具有pH/温度/氧化还原响应特性的功能材料，实现肥料释放与植物需求、环境变化的智能匹配。

（2）构建生物基智能载体　基于纤维素、壳聚糖等天然高分子材料，突破可控降解与靶向递送技术，研制兼具环境友好与高效响应特性的绿色智能肥料载体系统。

（3）创制生物质基高分子材料　利用农业生物质废弃物，开发具有刺激生长、提高养分利用效率等多功能的肥料添加功能材料，实现肥料养分高效与农业废弃物资源化。

2. 生物刺激素创新应用

（1）碳氮/磷代谢多效调控　筛选靶向生物刺激素，通过基因通路调控技术开发"碳汇增强－氮/磷效率提升"双功能产品，同

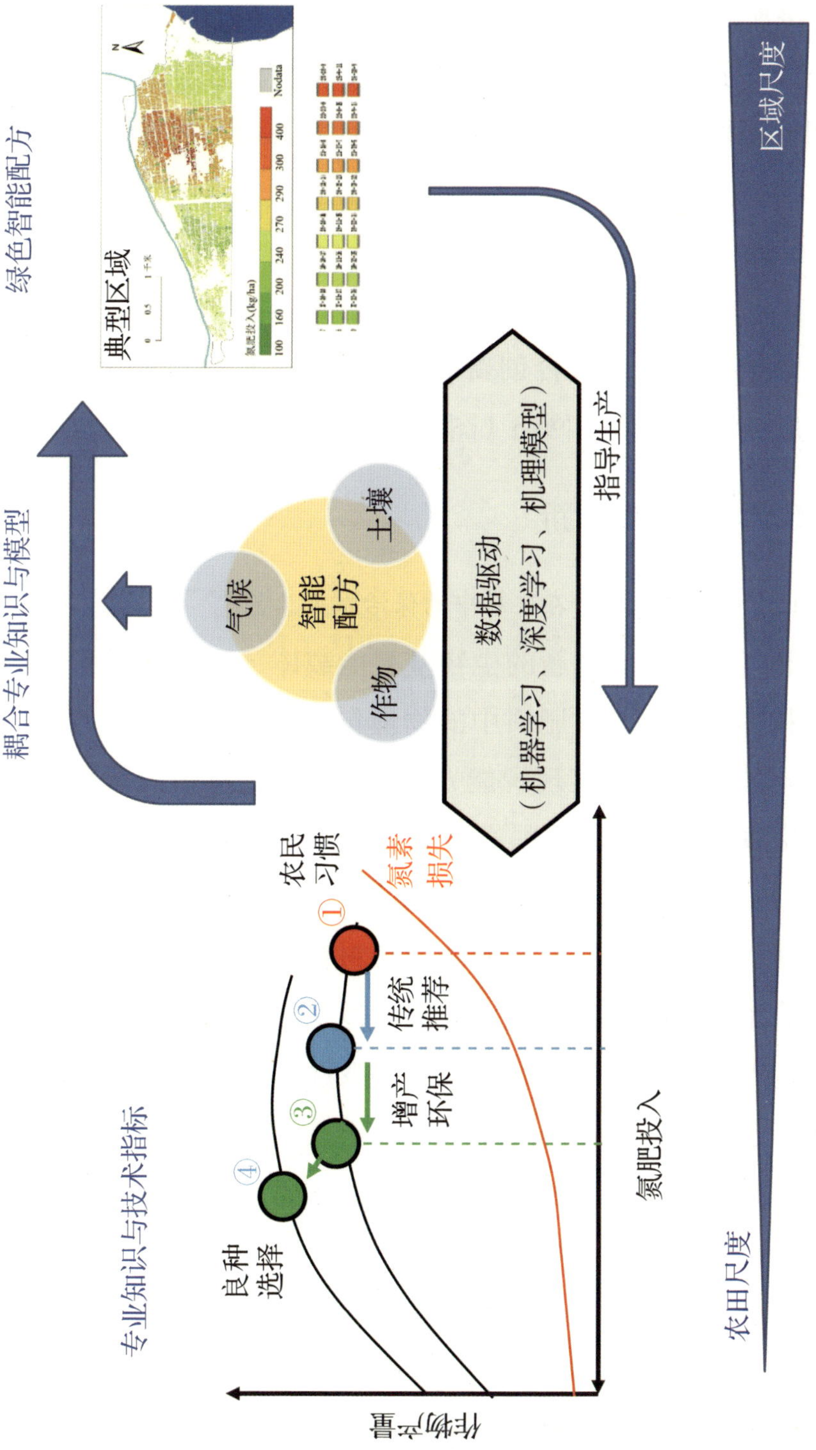

图 5-9 AI 赋能的智能配方设计示意图

步提高肥料利用率与作物抗逆性。

（2）氮磷高效利用机制　解析生物刺激素与根际微生物组的互作调控网络，构建"活性物质－根际生态－氮磷转化利用"协同增效体系，实现氮磷利用率提升。

3. 协同创新体系

建立"分子设计－载体构建－田间验证"全链条研发平台，形成"高校－企业"联合创新的协作模式，构建覆盖新型材料创制、智能肥料开发的协作网络（图 5–10）。

5.2.3　工艺创新

1. 智能 / 增效材料在肥料中的保活添加工艺

聚焦材料板块创新的生物基智能载体、生物刺激素和环境响应型材料等，开展其在肥料中的物理包覆、化学结构改性等保活添加工艺与技术研究，实现智能 / 增效材料在肥料中的保活添加，支撑材料增效型绿色智能肥料产品的创新与产业化。

2. 生物质高分子材料制备与功能调控工艺

围绕农业生物质废弃物功能材料化利用，开展其生产高分子材料如腐殖酸等的工艺与技术研究，以及对高分子材料的功能进行定向调控的工艺与技术研究，支持"变废为肥"与养分高效产品创新研究。

3. 中低品位磷矿及伴生养分资源全量利用

针对中低品位磷矿及伴生养分资源利用效率低等突出问题，开展中低品位磷矿全量利用、磷尾矿靶向性活化及磷与中微量元素保活添加等技术研究，推动中低品位磷矿及伴生养分资源的高效利用，提高养分利用效率。

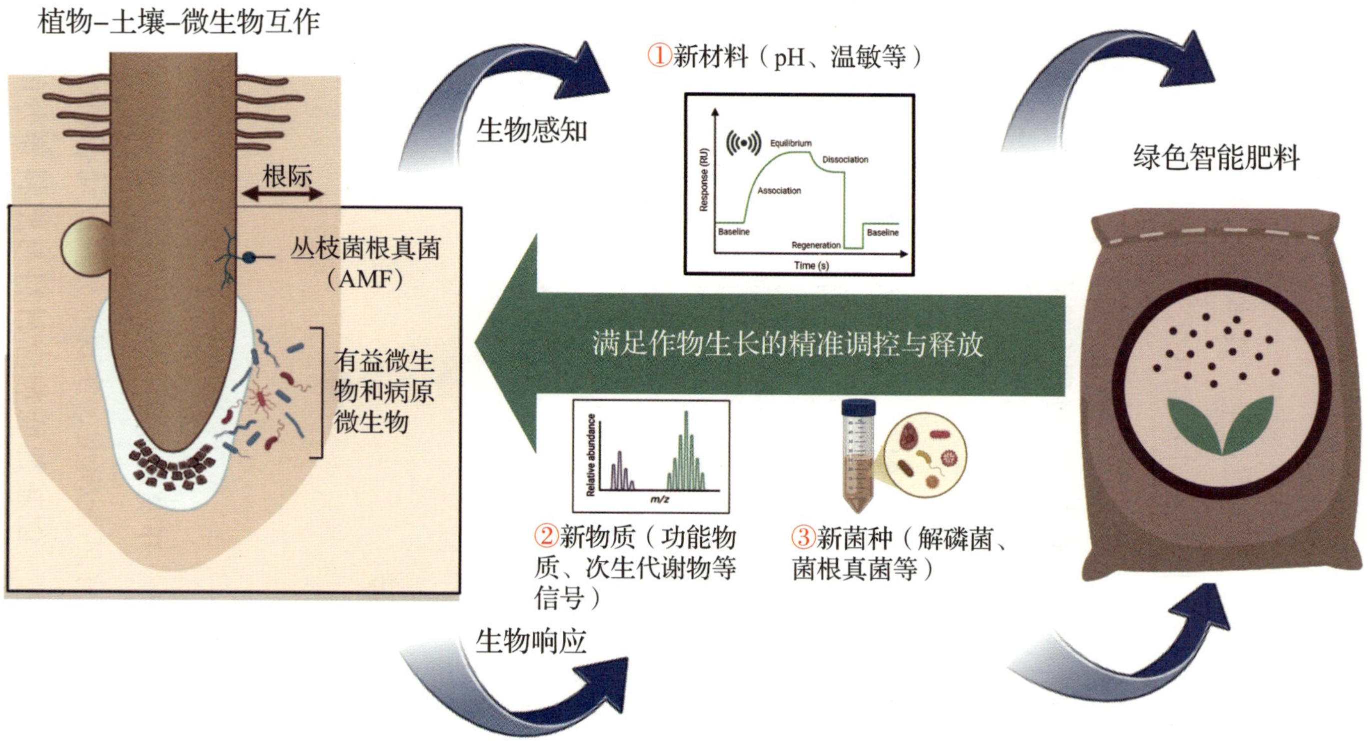

图 5-10　绿色智能肥料：生物感知与根肥互馈的逻辑关系

作物根系或土壤微生物可强烈感知养分的供应，作物根系、根际效应与肥料能产生互馈增效作用，并通过根际生命共同体的级联放大效应最大化肥料的功能。

5.2.4 产品创新

1. 现有产品升级创新

针对当前大宗市场产品与农业生产具体应用场景，结合大数据与测土配方施肥手段，科学设计产品配方，创新集成养分形态配伍、缓/控释材料绿色创制与高效添加、大中微量元素协同增效、功能性增效物质添加等技术体系，将现有产品的绿色智能化水平提升 30%～50%，实现节肥降本、增产增效的目标。

2. 绿色智能肥料新产品创制

基于根际生命共同体理论创新，借助人工智能技术与工业绿色智造技术，集成资源全量利用与生物互作级联增效两大技术体系，重点突破人工智能融合工业技术、农业需求与作物智能调控的配方设计与算法体系，磷化工副产物养分资源高效保活与全量化添加利用技术体系，养分信号/生物过程强化/根际或根层养分精准调控的产品创新，形成功能特征明显、增产增效增收、节水节肥、提质减排显著的多目标协同绿色智能肥料新产品，并实现产业化（图 5–11）。

5.3 创新与突破

5.3.1 材料创新

1. 智能材料技术突破

（1）精准分子工程　开发可控聚合与分子定向组装技术，建立材料响应阈值与环境因子匹配模型，实现养分释放动态调控。

（2）智能耦合工艺　创新智能响应材料与肥料养分的耦合机制，突破创新建立智能响应材料与养分的耦合方法与工艺。

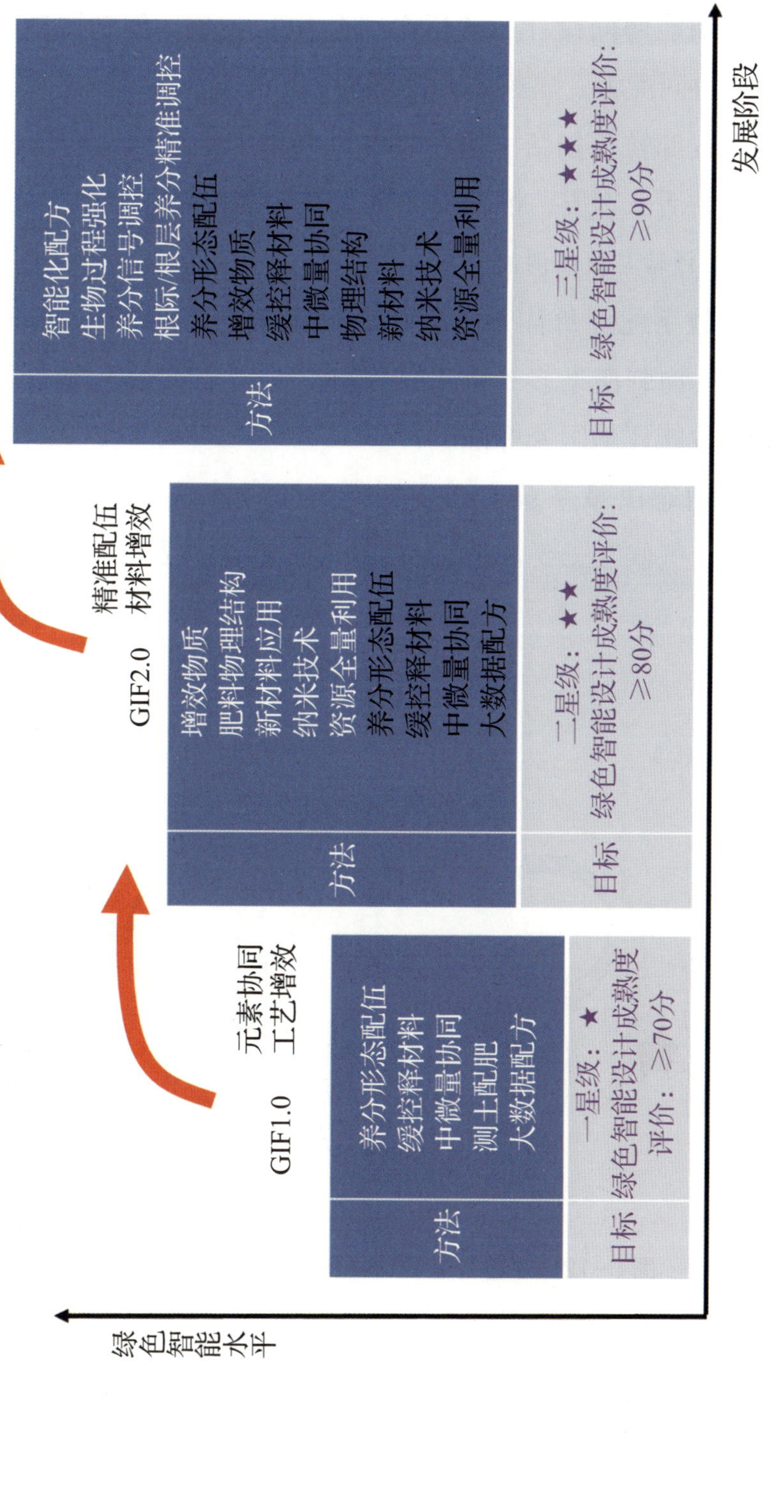

图 5-11 绿色智能肥料实施路径与发展阶段：从 1.0 到 3.0

2. 生物活性物质绿色智造

（1）功能协同设计　解析多组分构效关系，创制抗逆－促生－改土三效协同配方，破解单一功能瓶颈。

（2）资源转化创新　构建农业废弃物－高值原料转化链条，开发新型生物活性物质，推动"变废为肥"绿色循环。

3. 智能评估与精准调控

（1）数字化评价体系　集成表型组学与AI技术，构建绿色智能肥料/生物刺激素多维度效能图谱，建立首套绿色智能肥料/生物刺激素效能评估国家标准。

（2）动态决策系统　开发智能配肥动态决策模型，实现"土壤－作物－气候"三要素联动的精准调控，赋能农田管理数字化升级（图5-12）。

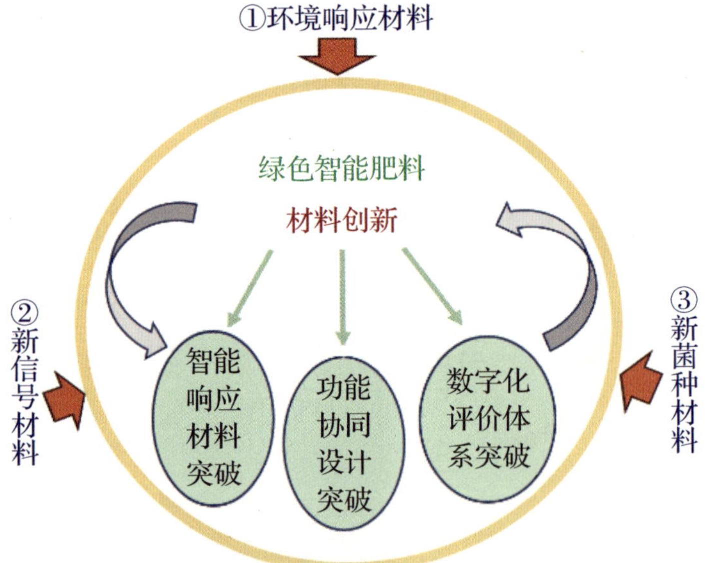

图5-12　绿色智能肥料材料方向创新与突破路径

5.3.2 工艺创新

1. 智能 / 增效材料保活添加技术

通过原料配方配伍的高效整装、添加工艺的创新等技术途径，保持材料自身原有的活性与结构，最大化发挥材料的智能 / 增效特性。

2. 中低品位磷矿全量利用技术

基于硝酸、渣酸 / 萃余酸等活化剂，研究高效酸解活化技术和复合造粒技术，减少磷石膏等副产物的产生，提高中低品位磷矿中钙、镁等养分利用效率。

3. 磷尾矿靶向活化技术

以满足农业需求为导向，创新匹配不同土壤 – 作物 – 气候条件的靶向性活化技术，减少成本投入、节碳减排，并推动磷尾矿的高效利用。

5.3.3 产品创新

1. 产品升级创新

（1）智能配方升级　利用全球土壤 – 作物系统肥效反应数据库与测土配方施肥数据库，综合考虑工艺配方设计技术体系，构建基于 AI 模型训练的产品设计技术体系，设计匹配区域气候 – 土壤 – 作物系统的智能配方。

（2）多维协同增效的产品技术体系　根据气候 – 土壤 – 作物系统对养分供应的精准需求，创新升级现有缓 / 控释材料与功能性增效物质集成技术，强调营养元素形成与种类智能匹配，开发与具体生产场景相匹配的专用功能性肥料产品。

2. 新产品创制

（1）智能化　基于工农融合、供需匹配的指导思想，构建“人工智能驱动的产品配方设计－智能制造下的生产技术创新－基于根际生命共同体智能调控的产品创制”智能化体系，突破根际养分、信号、生物过程的物质调控，实现肥料产品“四两拨千斤”的级联互作增效效应，形成“智能感知－定向调控－动态供应－多目标协同”的肥料产品创新模式。

（2）绿色化　基于矿产养分资源全量利用的思路，开发以磷矿与磷化工副产物（如磷尾矿等）为核心的多途径养分活化与肥料化高效利用生产技术与工艺，研发以生物基材料替代化学材料为核心的绿色材料，形成“绿色原料－绿色生产－绿色肥料”肥料创新系统链。

5.4　案例与进展

针对肥料与土壤－作物系统匹配性弱、针对性差、养分精准调控功能弱、磷矿副产资源利用缺乏等问题，开展了基于根－肥互馈、匹配区域土壤－作物系统、充分利用副产养分资源的绿色智能肥料创制研究，创新形成了作物－土壤－肥料互作的养分精准配伍、磷与中微量元素高效保活添加、基于磷铵工艺的提氮保酸技术、养分与增效物质组配以及磷副产物全量利用等技术与配套生产工艺，创新并产业化了11款绿色智能肥料产品，产销超5万吨，取得了良好社会与经济效益。

5.4.1　水稻绿色智能复合肥料

南方水稻主产区土壤酸化严重，危害水稻根系，影响生长与产量。在酸性条件下，土壤中硅、钙、镁元素容易流失，缺硅、钙、镁元素的土壤普遍存在，成为水稻生产的重要限制因素。

针对我国南方稻区养分管理的突出问题，在“绿色智能肥料”理念的倡导下，中国农业大学植物营养学科团队联合肥料企业攻关研制了“金沙江牌”富钙镁硅水稻绿色智能复合肥料。水稻绿色智能复合肥料以磷肥工业废渣黄磷渣作为肥料的硅、钙元素的主要供给源（CaO > 35%，SiO_2 > 40%，全部为枸溶），辅助添加矿物源黄腐酸，以及酸性土壤上最易缺乏的中量元素镁、微量元素锌和硼，并进一步通过工艺创新提高养分有效性。其主要特征如下。

（1）微米级材料　将黄磷渣用空气泵充分破碎，使其达到350 μm 以下粒径。研究发现微米级黄磷渣提供水稻 Si、Ca 量超过普通颗粒，且养分释放速度更快。

（2）空间隔离工艺　黄磷渣 pH > 10，将微米级的黄磷渣与惰性填充物首先制成粒径 1 mm 以下的小颗粒，再与其他原料通过氨酸法制成肥料级颗粒，使含钙、镁的碱性原料与水溶性磷在空间上处于分离状态，从而避免水溶性磷的退化。

（3）肥料农化性能强化　①肥料养分结构为 N15–P11–K14+Ca4+Mg1.5+Si4+TE+ 腐殖酸 1%，使酸性土壤上水稻营养更加均衡；②速效磷 – 缓效磷配合，避免一次性大量投入水溶性磷而使磷被土壤固定，且磷肥的后效更长；③产品温和的碱性可中和施肥点土壤游离酸，为作物提供局部优化的酸碱环境；④亚微米结构的黄磷渣既有利于养分释放，也具有一定缓释特性，可维持较长肥效。

在广东、广西、四川、云南多地销售，结合超过 200 个点位的示范试验，“金沙江牌”富钙镁硅水稻绿色智能复合肥料比常规肥料增产 8% ～ 16%，各地增产趋势是广东 > 广西 > 四川 ≈ 云南，即土壤酸性越强，增产效应越大。增产的主要机理是使水稻根系更发达，分蘖强且多，茎秆强健，抗倒伏能力更强。在四川的示范试验中发现，在轻中度镉（Cd）污染耕地上施用水稻绿色智能专用肥料，可生产符合国储粮标准的稻谷，表明水稻绿色智能复合肥料减少了水稻对Cd的吸收以及Cd向稻谷中的分配比例，是一种低成本的Cd污染地区生物改良措施（图5-13）。

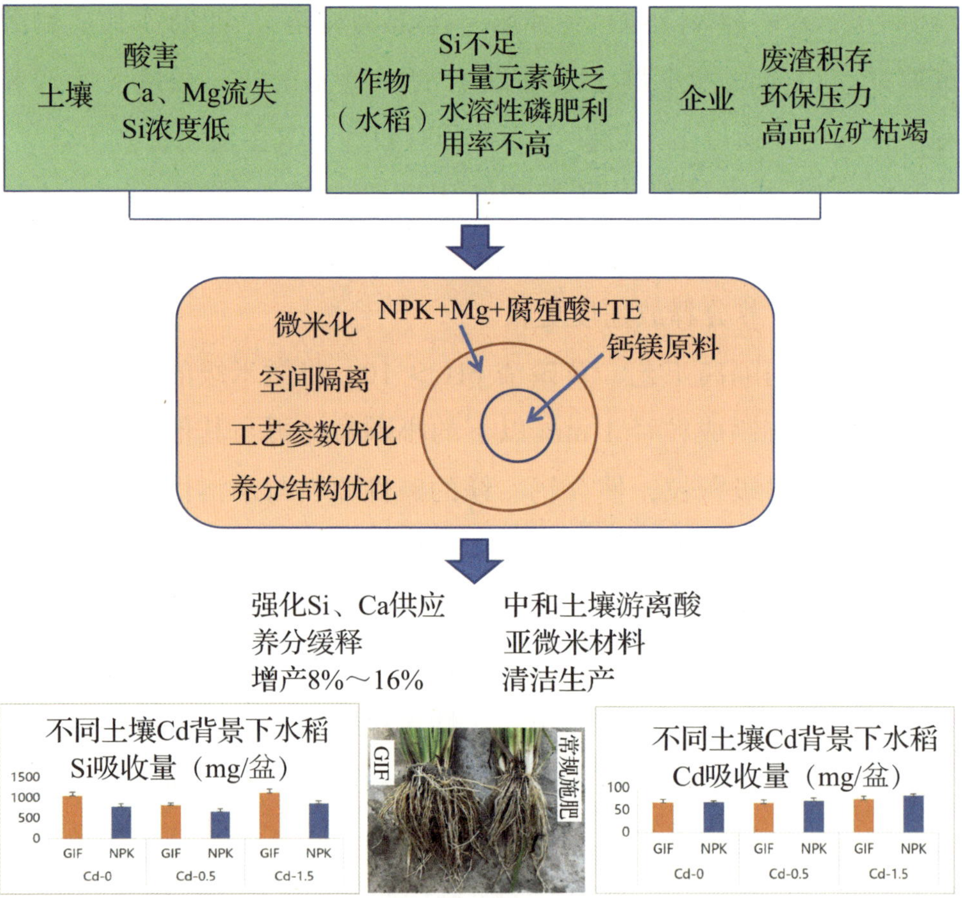

图5-13 水稻绿色智能复合肥料的设计思路与农学效果

5.4.2 澳洲坚果绿色智能复合肥料

我国已成为世界上种植澳洲坚果面积最大的国家，但对澳洲坚果植物营养规律认识的不足限制了我国澳洲坚果的高产优质生产。针对以上问题，中国农业大学植物营养学科团队通过多年监测，系统剖析了澳洲坚果各器官的生长发育规律、不同生育时期的养分吸收规律及其产量和品质形成规律，同时结合主要种植区的土壤养分供应规律，制定了澳洲坚果全生育期的靶向性养分管理策略。在此基础上，本团队充分利用澳洲坚果能通过根际环境低磷诱导排根形成和柠檬酸阴离子分泌的特征，提出在肥料中使水溶磷与枸溶磷协同供磷的创新思路，以强化磷的信号作用，提高养分利用效率，提高澳洲坚果结实率。同时，枸溶磷可由低品位磷矿和磷化工副产物等提供，推动磷矿资源绿色全量利用。综合以上内容，本团队与企业研发中心紧密协作，不断优化肥料配方、调整生产工艺，在农业理论和工业生产的“工农融合”中成功研制出引领澳洲坚果行业发展的澳洲坚果绿色智能复合肥料（图 5-14）。

以肥料供应与作物需求的精准匹配为主导思想，依据肥料产品特性与作物根系响应匹配、肥料产品与根际生命共同体系统提升匹配以及工农融合与全链条绿色发展匹配的核心原理，在常规氮磷钾配方精准优化的基础上，合理补充适量中微量元素，并以低品位磷矿粉、尾矿与渣酸的养分全量利用技术为突破口，与化工生产工艺结合，研制符合澳洲坚果生产需要的绿色智能专用肥料。连续 3 年的田间肥效验证表明，澳洲坚果绿色智能复合肥料有比传统复合肥料更显著的增产效果，可使澳洲坚果平均增产 27% 以上（图 5-15）。

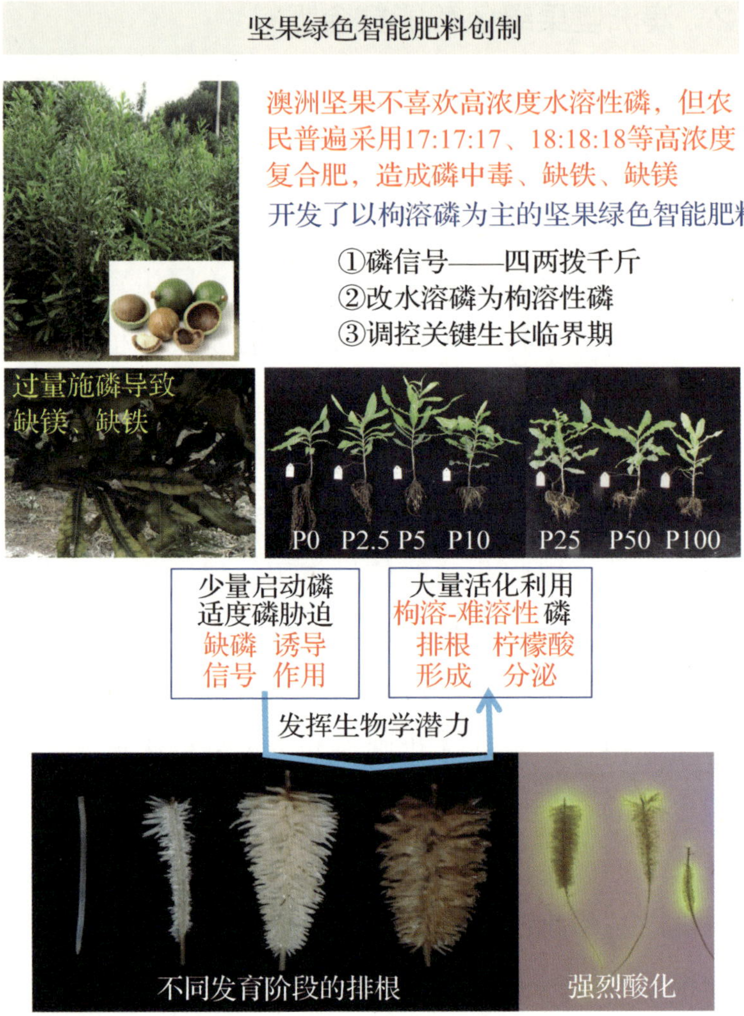

图 5-14 澳洲坚果绿色智能复合肥料研制设计原理

5.4.3 玉米绿色智能复合肥料

玉米主要通过改变根系形态来适应环境养分变化，提高养分空间有效性。铵态氮促进侧根增生，硝态氮促进根系伸长；且为维持细胞离子平衡，玉米吸收铵态氮后会释放 H^+，诱导根际酸化；降

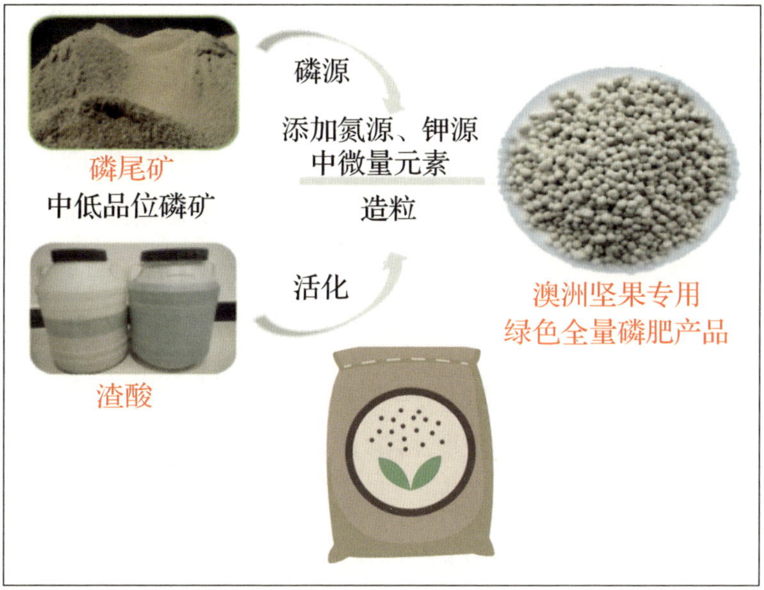

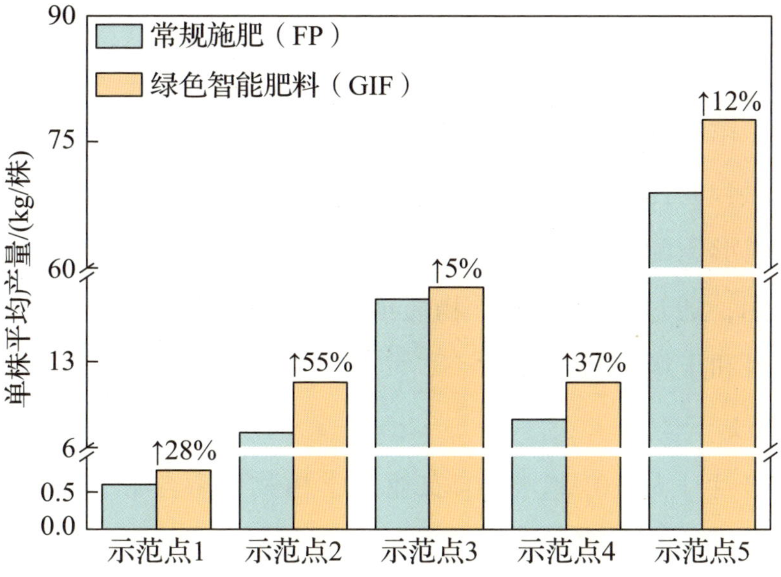

图 5-15　澳洲坚果绿色智能复合肥料的农学效果

低土壤 pH；相反的，玉米吸收硝态氮后释放 OH^-，诱导根际碱化；磷养分则能通过增加根毛数量和长度来促进根系生长，且与氮养分存在协同增效作用。基于以上研究理论，玉米绿色智能复合肥料以根际调控为核心，形成了基于玉米根系生物学特性的内源诱导调控技术，通过复合肥料养分的精准配伍，最大化促进玉米根系生长和提高根际效率。

南方酸性土壤 pH 低、铁铝离子多，北方石灰性土壤 pH 高、钙镁离子多，均易造成磷吸附固定和氮挥发淋洗等养分损失。针对以上问题，玉米绿色智能复合肥料形成了基于酸 / 碱物料改善土壤 pH 的外源添加调控技术，在酸性 / 碱性土壤上分别施用碱性 / 酸性物料以改善土壤 pH，提高养分有效性。将以上原理实践于肥料生产，针对不同区域土壤特点，靶向性制备酸碱性不同的复合肥料。

玉米绿色智能复合肥料依据“根肥互馈”原理，将养分诱导根系生长、作物营养生物学特性和肥料理化特性有机结合，实现了内外源的综合调控。针对区域性土壤限制因子和玉米生长特点，通过内源氮磷形态配伍，诱导促进玉米根系生长，增加玉米对养分的吸收和利用；通过外源添加矿物质或有机物料改善土壤 pH，最大化提高肥料和土壤养分利用效率，实现“根肥互馈”的级联放大效应（图 5–16）。

2023 年 1 月 10 日，中国农业大学植物营养学科团队与云天化企业合作研发的两款玉米绿色智能复合肥料正式投产，并在云南临沧、大理、楚雄、开远等多地开展了玉米绿色智能复合肥料田间示范。示范结果表明，玉米绿色智能复合肥料比常规施肥平均增产 9% ～ 10.12%（图 5–17），亩产增收约 103 元，获得农民广泛认可。截至 2024 年年底，两款玉米绿色智能复合肥料已累计销售超 2 万吨。

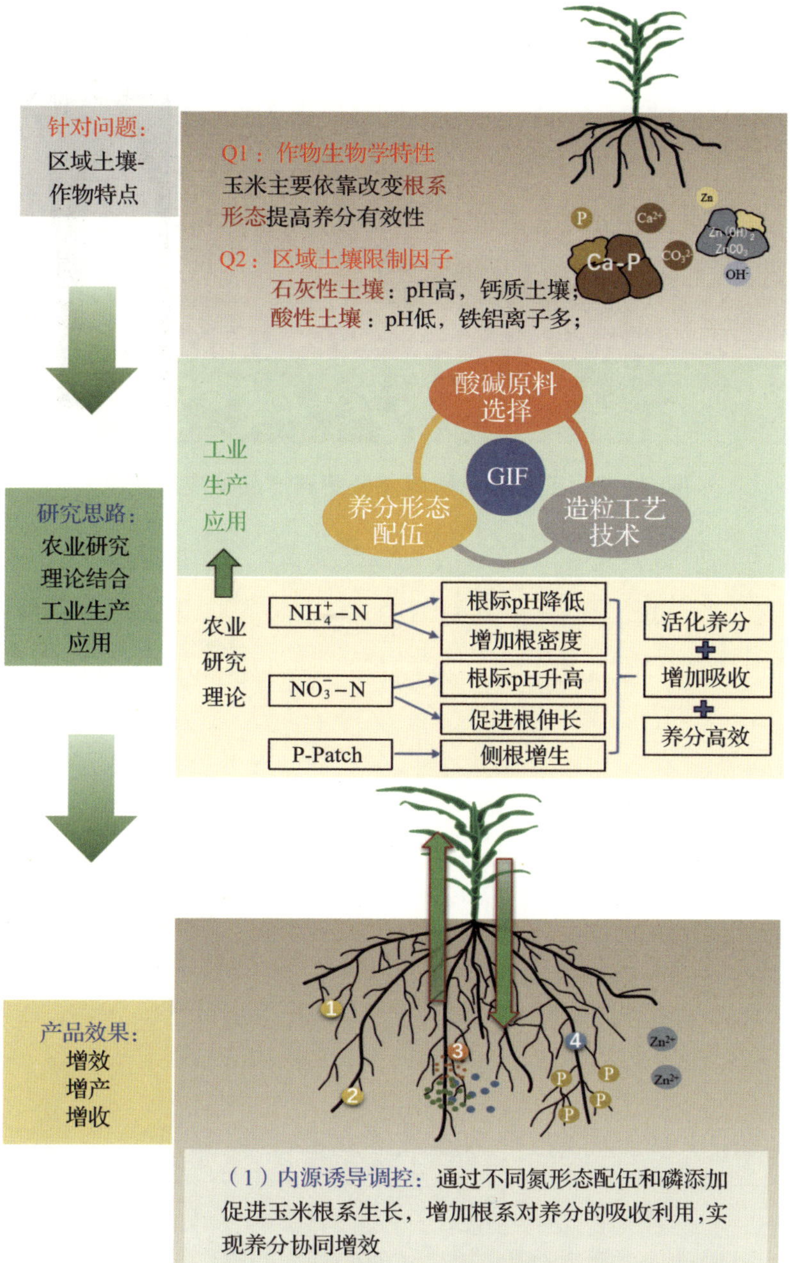

图 5-16 玉米绿色智能复合肥料创制原理

图 5-17　玉米绿色智能复合肥料产品与应用效果

6 区域农业绿色转型

6.1 前沿问题与挑战

在“大国小农”的基本国情下，加之以家庭联产承包责任制为基础、统分结合的双层农业经营模式，形成了我国农业以小规模农户生产为典型特征的基本经营格局。当前我国小农户约 2.3 亿，承包了我国 9.9 亿亩耕地，是中国农业现代化的重要组成部分。然而，受经济发展、老龄化、城镇化等影响，小农户必然走向分化。坚持以农户家庭经营为基础，加快发展集约化、专业化、组织化、社会化的现代农业经营体系，以合作和联合为纽带，以社会化服务为支撑，赋予了双层经营体制新内涵。截至 2023 年年末，纳入全国家庭农场名录管理的家庭农场近 400 万个，依法登记的农民合作社 221.6 万家，组建联合社 1.5 万家，各类新型经营主体正在成为引领适度规模经营、推动现代农业发展的有生力量。通过科学技术、社会化服务与高素质经营主体发展推动区域大面积均衡实现绿色转型存在以下挑战。

1. 技术整装化与系统化不足

整装化技术的缺失已成为制约区域农业绿色转型的挑战之一。现有技术多呈现碎片化、孤立化特征，缺乏针对不同经营主体特点的系统性整合，导致技术应用成本高、效益低、可持续性弱，增加了经营主体的试错成本。在整装化技术创新方面，小规模田间或实验室试验难以应对真实生产场景的时空异质性，导致试验尺度失配、技术适配性差以及经营主体参与度低等问题，亟待在生产场景中开展技术整装化和系统化创新与应用，从“技术供给导向”转向“主体需求导向”，从“点状突破”迈向“系统跃升”。

2. 区域适配性差、规模化模式缺乏

技术和产品区域适用性不足是大面积绿色转型均衡实现的核心瓶颈。绿色生产技术的区域适配率不足可导致大面积应用难以实现试验田、示范田的效率和效益。均质化的单一技术推广模式忽视了土壤、气候以及经营主体等的差异性，这种“一刀切”的推广模式导致技术落地效果衰减。强化社会化服务体系能力建设，推进农业服务规模化，“推”“拉”结合是科技支撑小农户融入现代化农业的核心路径。与此同时，跨学科、跨主体的深度协作是解决农业绿色技术大面积应用的关键。

3. 新型科技农人培育体系待完善

当前的农民及社会化服务主体所获取的知识多来自农资销售企业及农资经销商、广播电视、手机等媒体渠道，其知识面、侧重点在部分情况下存在一定偏颇，甚至是完全错误的，农民能力持续发展的教育体系存在缺位。近年来，农业高校开展“头雁计划”等农民企业家培训计划，在新农人培育等方面起到了很好的带动作用，但仍尚未满足针对农机手、社会化服务主体、家庭农场等一线从事农业生产的科技需求，导致激发农民动力及农业科技活力的科技培训体系存在缺位。

4. 绿色转型规划与系统研究不足

在技术区域大面积应用效果评估上，由于我国不同区域气候、土壤、农业管理等区域环境存在异质性，绿色高产高效技术的区域应用效果评估需要此类异质性，亟须兼顾生产效能、环境健康和经济效益等多维度的评估方法。在推动区域农业绿色转型上，由于区域资源禀赋梯度、经济水平层级与生态承载力阈值的显著差异，亟须构建基于区域环境承载力阈值的产业绿色发展系统解决方案和农业绿色转型模式，并形成在全国推广产业绿色发展新思路、新框架、新模式的路径。

在习近平生态文明思想的指引下，绿色转型已然成为时代发展的必然选择，其作为“两山”转化的坚实基础，在区域发展中发挥着关键作用。通过推动区域资源的高效利用，能够充分挖掘资源潜力，减少浪费，实现资源价值的最大化，同时，严格的环境保护措施守护了生态本底，提升生态系统服务功能，让良好生态环境成为经济增长的新引擎。唯有通过资源的高效配置与生态环境的系统性保护，才能将山水林田湖草的自然本底转化为产业增值的经济资本，让农户在生态农业、绿色文旅等多元业态中共享生态红利。区域绿色转型以技术赋能与模式创新为纽带，推动生态产品价值实现机制落地，既为乡村产业装上“绿色引擎”，更让生态文明建设的成果切实转化为农户增收的“真金白银”，为区域高质量发展锚定生态优先、富民增收的双重坐标。

6.2 主要研究内容与方向

依托国家农业绿色发展先行区、全国科技小院协作网、全国农业绿色发展协作网等平台，融合“自上而下”的目标导向系统设计与“自下而上”的场景驱动应用两种路径，形成深度协同的新型科研模式。主要研究方向和内容包括①核心技术创新与应用：聚焦农场应用场景，重点突破实现绿色、高产、高效目标的关键核心技术，并进行落地应用验证；②适用性技术体系构建：基于核心技术的突破与应用，整合构建适用于不同区域条件的绿色高产高效农业技术体系；③区域转型设计与效果评估：开展区域尺度的农业绿色转型路径设计，并对所应用技术的实际效果（经济、环境、社会效益）进行科学评估（图 6–1）。

本平台以期通过多学科交叉融合和多主体（科研、推广、生产、政策等）协同参与，打造具有开创性和示范引领作用的农业绿色转型国家级样板基地。同时，基于研究成果和样板实践，凝练形成可推广复制的农业产业绿色转型升级系统解决方案、区域发展模式，并为国家层面制定相关政策提供科学依据和建议。

6.2.1 农场场景绿色高产高效技术创新与应用

全国家庭农场近 400 万个，平均经营规模 134.3 亩，针对农场的整装化技术仍不足，技术创新与农民需求不匹配，存在高产高效高收益协同难等问题。通过"目标设定 – 协同设计 – 动态监测 – 迭代优化"的闭环研究范式，基于产量、效率、环境与经济多维目标，建立农场场景驱动的绿色高产高效技术模式，突出农户或农场经营主体主导的本地化技术体系创新，突破从田块到农场均衡实现绿色高产高效的技术难点，开发信息化实时监测、动态水肥调整等精准化管理体系，缩小农场田块产量和效率差异；建立从作物上升到种养结合系统的农场高产高效技术方案，建立匹配养殖饲料 – 粪污循环需求的技术集成模式，根据农户主导的产能 – 环境 – 经济目标，共同设计实施方案，形成农场场景技术迭代方案，在主要粮食、养殖区域建立先锋农场国家样板（图 6–2）。

6.2.2 绿色高产高效适用性技术创建

针对绿色高产高效技术、种养结合模式大面积应用场景空间异

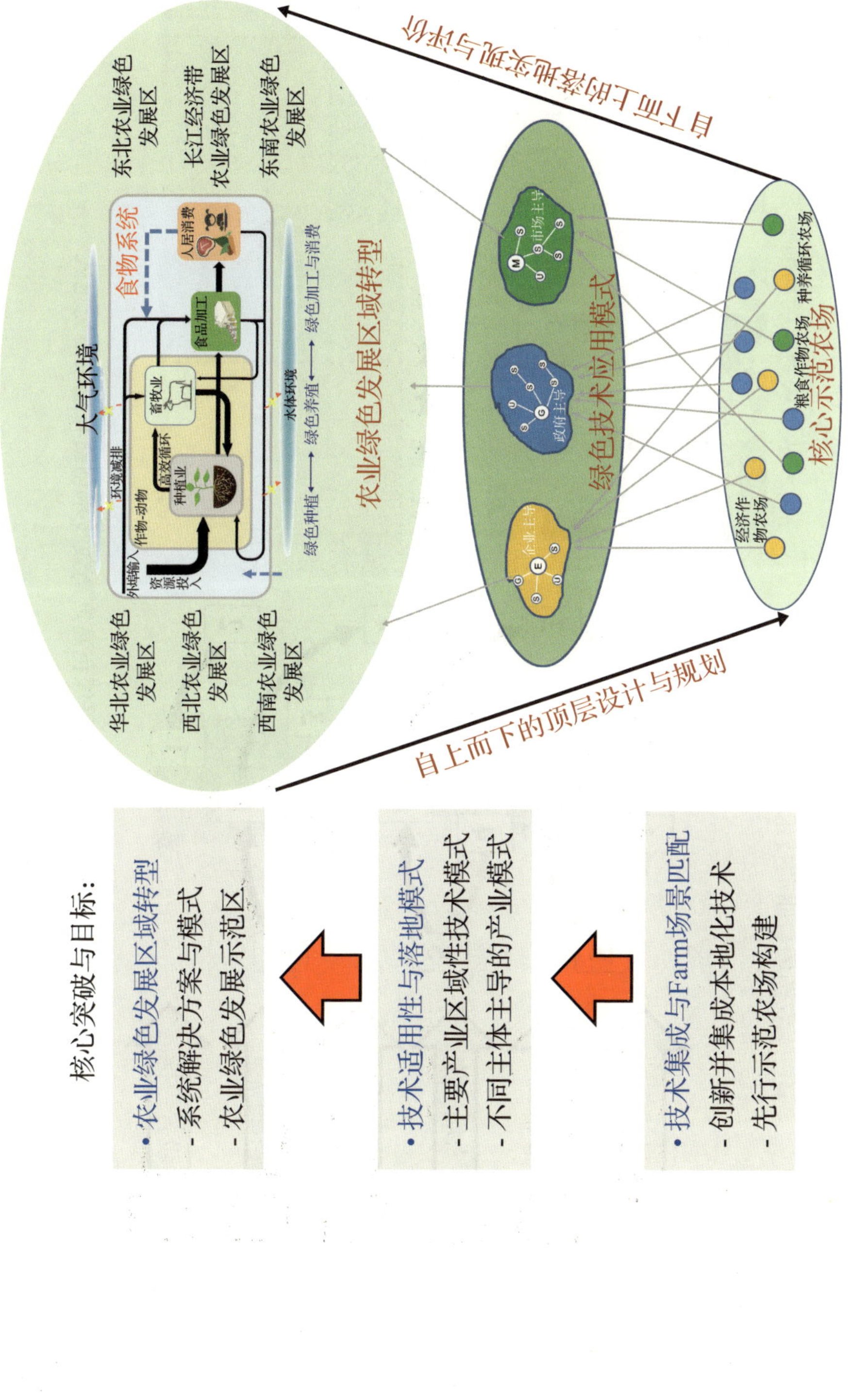

图 6-1 区域农业绿色转型方向创新与突破路径

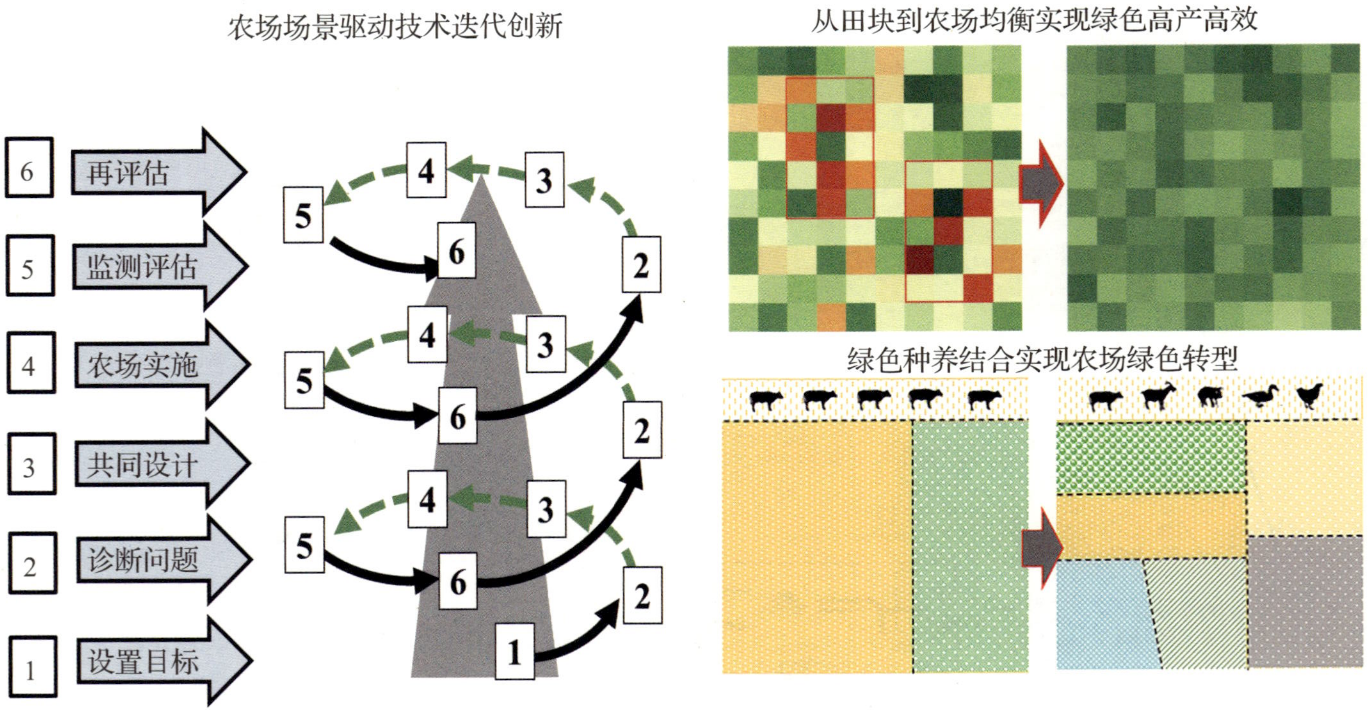

图 6-2　农场场景绿色高产高效技术创新与应用研究范式

质性显著，导致技术应用与实际生产匹配度低、技术成效受限等问题，突破传统研究对单一要素或静态条件的依赖，基于区域气候－土壤－管理互作效应，解析空间异质性规律及关键技术的多因子动态调控机制，推动作物生产系统优化从“单一过程模拟”向“多过程协同决策”跨越（图 6–3），实现从理论模型到田间应用的空间适配决策，推动实现“资源适配－技术匹配－效益优化”的绿色增产目标，为农业绿色生产提供兼具过程机理创新与精准决策落地的系统性解决方案，对于推动粮食安全发展具有重要的理论与实践意义。

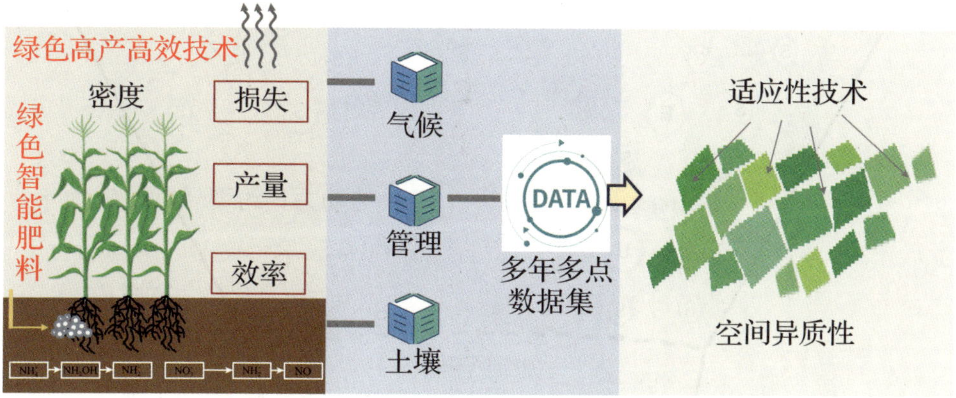

图 6–3　绿色高产高效适用性技术体系创建思路

6.2.3　绿色高产高效技术区域大面积应用模式

针对绿色技术推广碎片化、小农户应用动力不足、规模化效益难释放等瓶颈问题，构建“政府统筹－科研集成－企业牵引－合作社赋能”四维协同落地模式，通过产品化、信息化、机械化、组织化系统性赋能路径实现技术落地。以产品化驱动技术标准化集成，形成可推广的技术方案包；以信息化赋能精准服务，构建面向小农户的智能决策支持体系；以机械化突破资源约束，创新农机农艺结合装备；以组织化升级产业链条，打造“标准生产－品牌增值”体系（图6–4）。创新利益联结机制，推广绿色吨半粮（周年亩产≥1.5吨）等标杆模式，同时依托科技小院模式支撑大面积绿色高产高效（图6–5）。

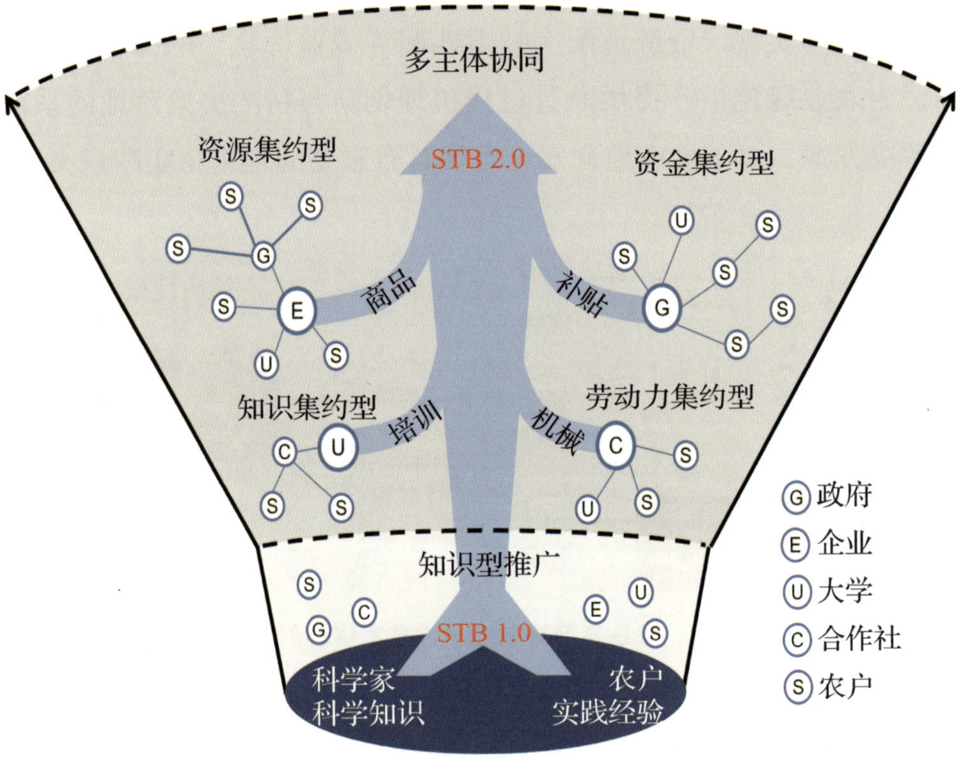

图 6–4　技术区域大面积应用模式

6.2.4　区域农业绿色转型设计与技术效果评估

以我国河北曲周、云南洱海流域等不同农业功能区为场景，采用“自上而下”的区域设计与“自下而上”的落地实现相结合的方法，构建区域农业绿色发展指标体系，剖析农业发展趋势与关键限制因子，建立以生产效能、环境健康和经济效益为核心的区域农业

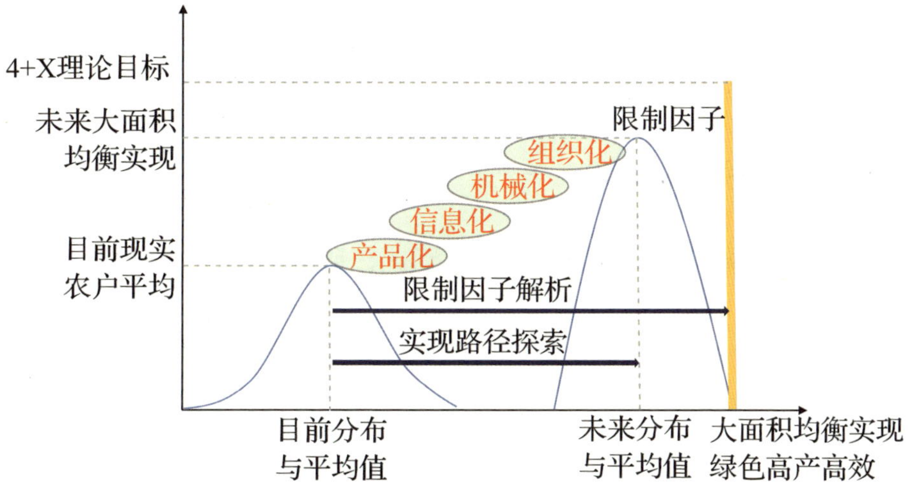

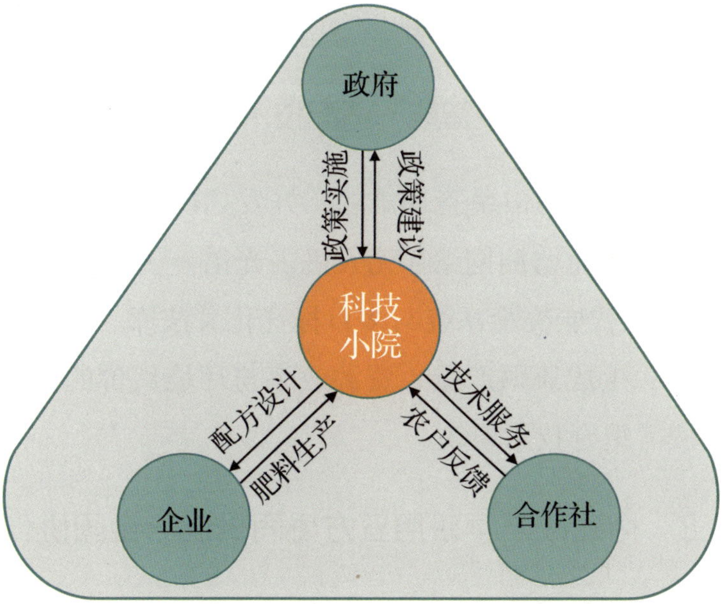

图 6-5 科技小院模式支撑大面积绿色高产高效

绿色发展设计与综合评价模型，明确区域绿色吨半粮与绿色转型中长期目标，量化绿色高产高效技术对阶段性目标的贡献，提出不同区域农业绿色发展系统解决方案与转型模式，为不同生态类型区农业绿色转型提供可推广的理论范式与方法体系（图 6-6）。

6.3 创新与突破

6.3.1 建立农场标准化研究范式，破解技术适配周期长难题

构建"目标设定 - 问题诊断 - 共同设计 - 农场应用 - 数字监测 - 评估再设计"的闭环流程，整合帕累托多目标优化与成本效益分析模型，量化产量 - 效率 - 环境 - 经济四维指标，通过物联网数据预验证技术方案，缩短适配周期。

6.3.2 研发"场景智能"适配技术包，构建模块化技术体系

针对异质性大的田块管理难题，开发"1+N"模块化技术体系，包括空天地一体化监测网络（无人机多光谱 + 土壤传感器 + 卫星遥感）、种养循环智能决策系统与多目标优化算法库。通过实时追踪农田养分动态，生成兼顾产量、资源效率与环境代价的帕累托最优解集，支持按需组合技术模块。

6.3.3 构建政产学研用五方协同机制与全国协作网

创新政府、科研机构、企业、科技小院与农户协同的联合体，明确各方角色：政府提供政策保障，科研机构输出算法模型，企业研发产品，科技小院本地化适配，农户参与数据采集与效果评估及技术本地化实现。同时，以全国的"养分管理协作网、科技小院网

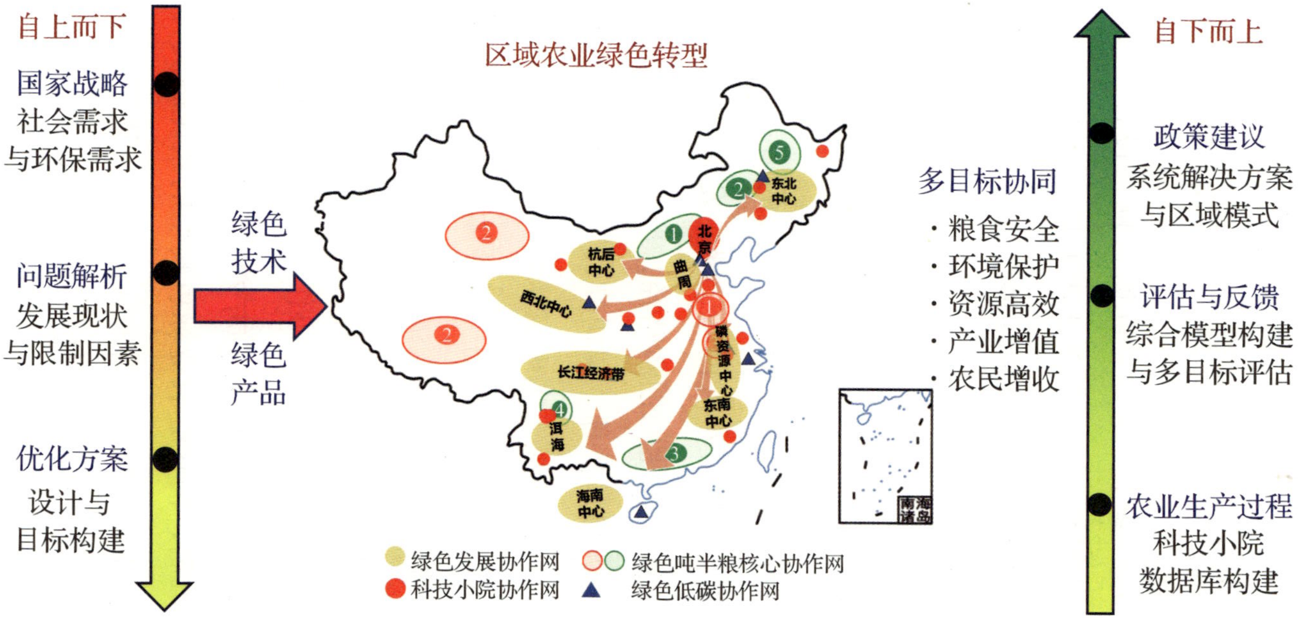

图 6-6　区域农业绿色转型总体思路与目标

络、绿色低碳协作网、校企合作网络”为平台，大面积推广产业绿色发展新思路、新框架、新模式。

6.3.4 建立绿色吨半粮牵引的转型路径与多维动态评估体系

以“周年亩产≥1.5吨”为近期目标，设计“示范田—合作社—区域链”三级验证体系，推动技术从高产向生态可持续跃迁。依托空天地监测网络，实时采集环境、生产与经济数据，构建多维动态评价模型。

6.4 案例与进展

在推进乡村全面振兴和农业绿色发展的国家战略指引下，张福锁院士团队依托全国科技小院网络、绿色发展协作网等平台，积极探索科技赋能农业现代化的创新路径，形成了一批具有示范意义的绿色发展模式。例如，吉林“梨树模式”通过“科技小院+推广站+合作社”三位一体机制，实现玉米高产高效与人才培养双突破；内蒙古杭锦后旗构建“四级联创”服务体系，以零距离科技服务推动优势作物提质增效；云南洱海流域通过绿色种植技术创新，实现水环境保护与经济增收协同发展；河北曲周县“氨减排”示范行动则验证了小农主导模式下多主体协作实现氮素管理技术推广的可行性。这些实践生动诠释了科技创新与制度创新的深度融合，通过政产学研用协同机制，构建起农业绿色转型的系统解决方案，在保障粮食安全、改善生态环境、提升农民收益等方面形成可复制推广的宝贵经验，为农业高质量发展提供了重要范式。

6.4.1 吉林“梨树模式”

在张福锁院士的总体指导下，以中国农业大学米国华教授团队、吉林农业大学高强教授团队为主要成员组成吉林梨树科技小院，与梨树县农业技术推广总站紧密合作，把农业科技创新与农民培训有机结合起来，通过组织农户提高技术落地率，创新了“科技小院 + 推广站 + 合作社”三位一体的技术服务模式，最终实现梨树玉米大面积高产高效，探索出现代化农业发展道路（图 6–7）。在科技小院成立的 16 年间，成功将科技创新、人才培养、社会服务融为一体，创新了 20 余项玉米绿色高产高效种植技术，培养出 80 余位高素质、有“三农”情怀的研究生，同时也发展了一批新型职业农民、先进合作社带头人。

吉林“梨树模式”以实现东北春玉米绿色高产高效规模化生产为目标，创新测土配方施肥、增密高产、水肥一体化、秸秆覆盖条耕等技术，并配套研发高产高效品种、启动肥、农机农艺信息融合、无人机智慧施肥等技术，通过“科技小院 + 推广站 + 合作社”的组织模式，结合农户高产高效竞赛活动，进行区域适应性技术集成与应用，建立了春玉米高产高效技术模式、春玉米规模化与机械化生产技术模式、条耕玉米减肥减药技术模式。技术模式应用面积超过 20 万亩，辐射梨树 300 万亩春玉米生产，平均增产 10%，氮肥偏生产力增加 20%，获得吉林省科技进步奖二等奖。

6.4.2 内蒙古杭锦后旗“四级联创”模式

杭锦后旗科技小院群由中国农业大学国家农业绿色发展研究院与农业农村部全国农业技术推广服务中心、内蒙古自治区农牧业技

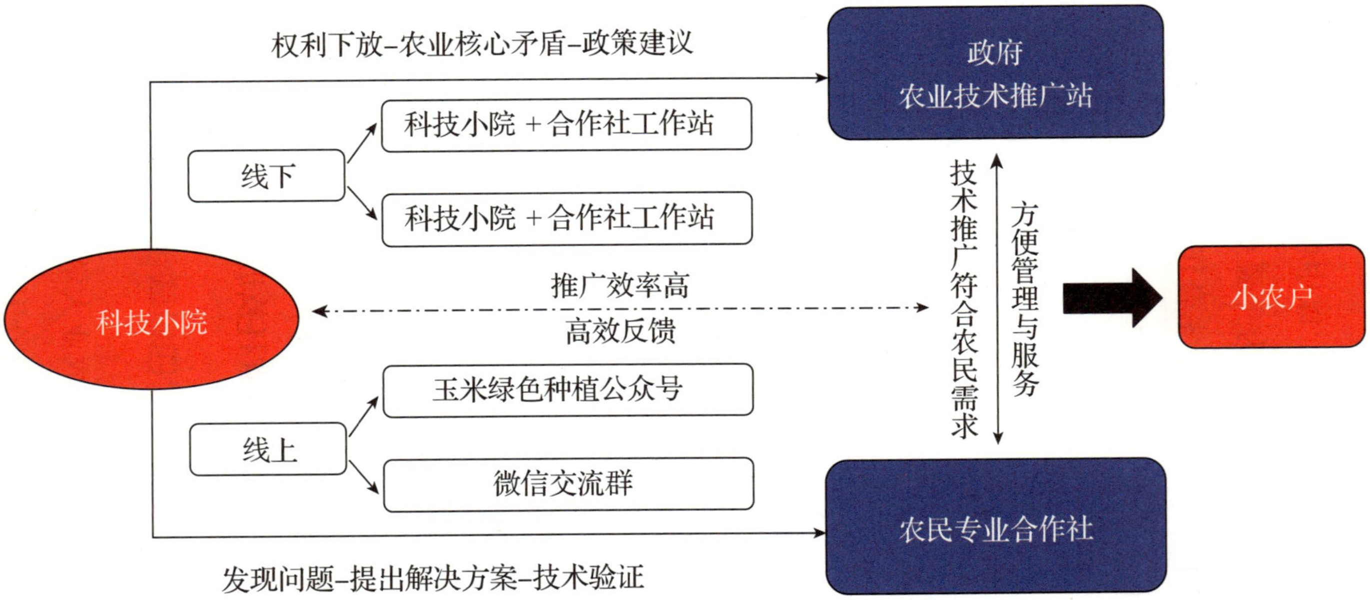

图 6-7 吉林“梨树模式”及其大面积应用效果

术推广中心、巴彦淖尔市现代农牧事业发展中心以及杭锦后旗人民政府“四级联创”服务团队联合建立，于2019年3月在杭锦后旗正式授牌并启动，截至目前，杭锦后旗共成立科技小院7个。杭锦后旗科技小院以控肥增效、控药减害、控水降耗、控膜提效、培育健康土壤等问题为抓手，以绿色发展、品质提升、效益提高为工作重点，建立了“四级联创”模式（图6-8），以“零距离、零时差、零门槛、零费用”的方式，围绕小麦、玉米、向日葵、加工番茄等优势农作物开展技术创新和示范推广，并创新科普宣传和农民培训新模式。

杭后“四级联创”以破解河套灌区盐碱地综合利用关键技术难题为核心，围绕提升粮食产能和资源利用效率双目标，系统构建了“基于根际生命共同体理论的盐碱地土壤质量与产能协同提升技术体系”。该体系集成应用耐盐氮高效玉米品种筛选、基于品种特性的适度增密栽培、水肥一体化氮素形态调控等核心技术，配套实施北斗导航精量播种、病虫草害绿色防控等精准作业技术。通过创新“四级联创+科协+科技小院”协同机制，搭建政产学研用一体化平台，整合多方力量开展玉米高产高效技术攻关与推广。目前，该体系在20万亩示范区规模化应用，实测平均亩增产184 kg，综合效益提升443元，成为盐碱地农业高质量发展的可复制样板。

6.4.3 云南洱海流域农业绿色转型

在张福锁院士的领导和云南大理州委、州政府等的支持下，云南农业大学、中国农业大学、洱海流域农业绿色发展研究院等单位联合攻关，创制的全流域水稻、烤烟、玉米和蔬菜等主要作物绿色生态种植模式得到各界认可，试验和示范面积逐年扩大，生态、经济和社会效益显

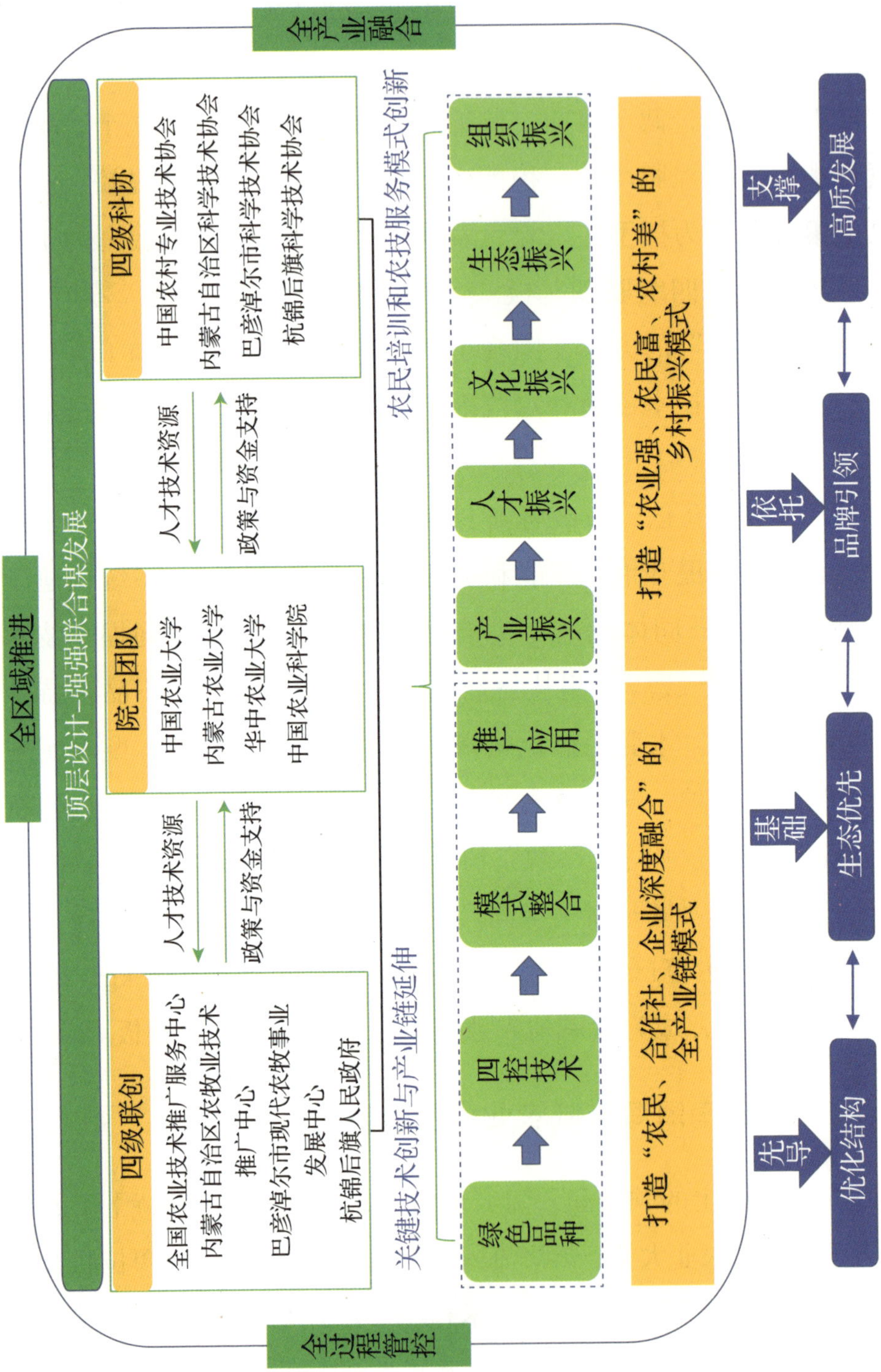

图6-8 内蒙古杭锦后旗（杭后）“四级联创”模式及推广成效

著。该团队在云南大理古生村开展了稻田深蓄减排（旱作农田尾水回灌稻田）试验研究，将水稻田作为雨季旱作农田尾水的生态调蓄区，减少农田尾水直排洱海量。两年的试验结果显示，与常规模式相比，稻田深蓄减排模式水稻可增产 10% ～ 20%，减少氮磷和化学需氧量（COD）等污染物排放 20% ～ 50%，减少入湖负荷 20% 以上，依托科技小院开展科技赋能，带动经济增收 1 700 万元（图 6–9）。

6.4.4 河北曲周县域农业绿色转型

2018 年国务院印发的《打赢蓝天保卫战三年行动计划》明确指出要控制农业源氨排放，但在中国以小农为主导的农业生产模式下，农户氮素管理知识匮乏等因素导致国家出台的减氨措施难以大面积推广应用。通过在我国农业氨排放热点地区河北曲周县进行“氨减排”万亩示范行动，揭示了在以数百万小农户为主的国家，通过政府、企业、高校以及当地农户多部门协同合作，大面积应用集成氮素管理技术（氮肥减量、肥料深施、含脲酶抑制剂的新型肥料），可以在县域尺度上协同实现作物产量、空气质量提升与农民收益增加等多目标（图 6–10）。

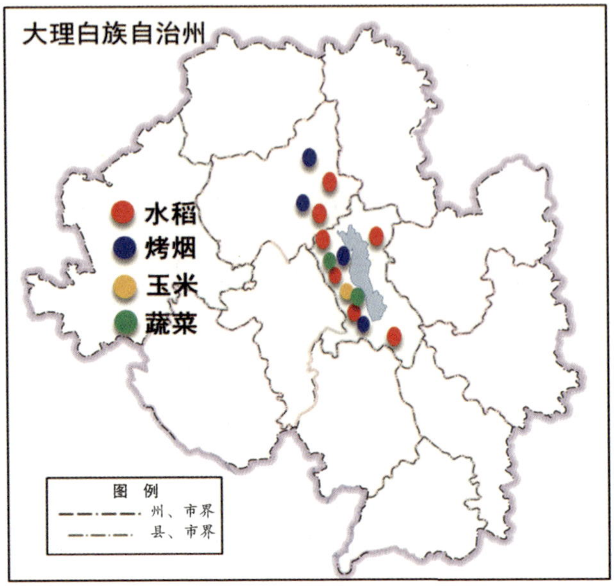

水稻	烤烟	玉米	蔬菜
• 增产10%、减排20% • 推广应用7.5万亩	• 增产7%、减排5% • 推广应用2万亩	• 增产15%、减排25% • 推广应用0.2万亩	• 增产9%、减排50% • 推广应用0.4万亩

古生片区：
水稻增产10%~20%，污染减排20%~50%
氮磷入湖负荷削减超20%、经济增收约1 700万元

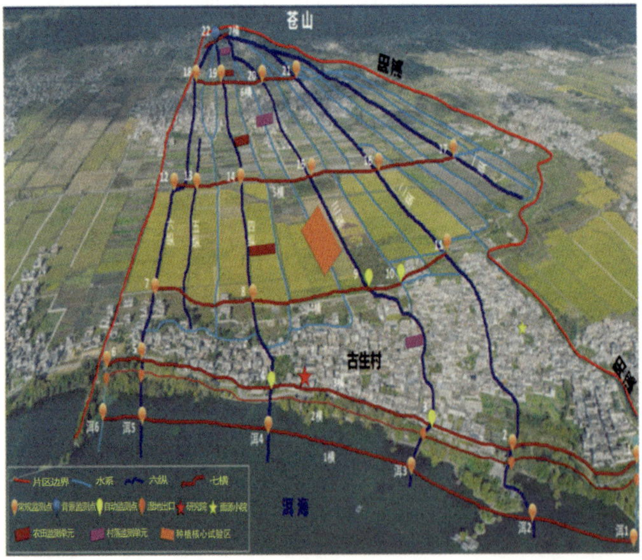

图 6-9　云南洱海流域农业绿色转型与古生片区小流域示范

□减氨增效技术：以氮肥科学减量结合添加脲酶抑制的新型氮肥为核心

□区域应用模式："科技小院+当地政府+肥料企业+小农户" 四位一体

□示范与评估：曲周县1.6万亩冬小麦-夏玉米技术示范与环境监测

技术大面积应用模式图

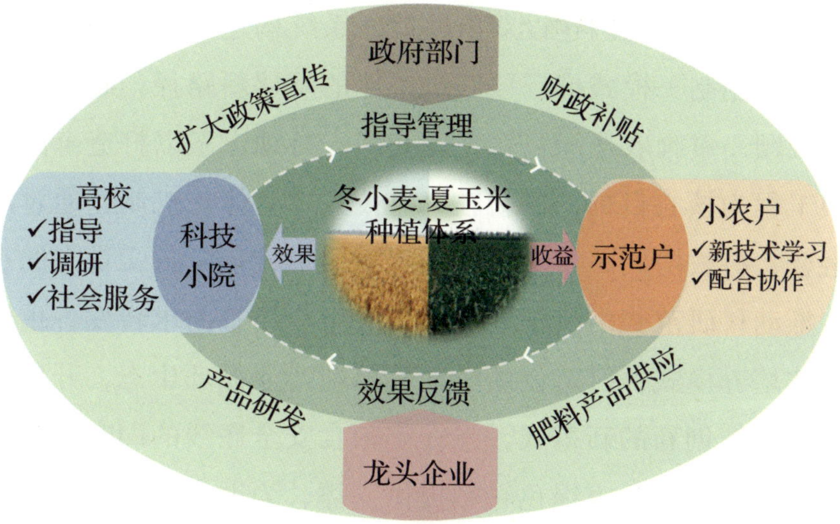

区域应用效果

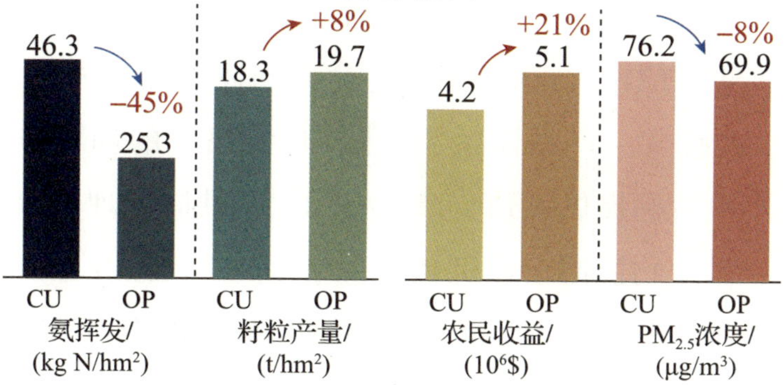

图 6-10 曲周全域农业绿色增产增效

7 展望

绿色梦想“121”行动方案立足国家农业绿色转型核心需求，紧扣粮食安全与农业强国建设双重使命，系统构建“理论创新—技术突破—产品创制—模式推广”四位一体的发展新路径，破解农业绿色发展难题，擘画农业绿色转型新蓝图。行动方案以打造全国绿色吨半粮工程为核心目标，创新教育科技人才一体化机制，通过深化产教融合、科教协同，实现科学创新、成果转化与教学育人的有机统一，推动科研范式由科学兴趣引领向生产场景需求转变，重塑教育和人才培养模式，打造创新驱动引擎与产业循环生态，开启农业绿色发展科技创新的新范式，在守牢粮食安全底线的同时筑牢生态文明根基，为实现国家绿色转型提供支撑，为助力全球农业绿色转型与可持续发展贡献中国智慧和解决方案。

1. 打造全国绿色增粮（绿色吨半粮）工程，实现绿色高产高效多赢目标，开启粮食安全、资源与环境协同发展全国示范新篇章

绿色梦想“121”行动以根际生命共同体理论为内核，通过“1套理论、2大技术－产品体系、1张推广网络”的创新布局，为实现绿色吨半粮目标提供强劲支撑。根际生命共同体理论深入剖析土壤－作物－微生物协同运作机制，为绿色高产高效技术研发与绿色智能肥料产品创制提供理论指引，贯通从科研理论到生产实践的全链条。凭借绿色高产高效技术体系与绿色智能肥料产品两大核心要素，在黄淮海、东北黑土地、长江中下游等粮食主产区广泛布局绿色吨半粮示范基地网络。通过精准调控作物生长周期与养分供给，

实现粮食生产的高质量发展。预计到 2035 年，主要粮食作物周年亩产稳定达 1.5 吨，增效 10% ～ 20%，减排 30% ～ 50%，增收翻番，一举实现粮食安全、资源高效、环境健康的协同共进。借助全国养分资源管理协作网，促进技术成果与区域资源禀赋深度契合，形成“点上突破、片上示范、面上推广”的渐进式发展格局（表 7–1）。集成可复制、可推广的成功经验，为全国农业绿色转型提供标准范式，有力推动我国农业向绿色、高效、可持续方向大步迈进。

表 7–1　全国绿色吨半粮工程与协作网

西部：春玉米区、麦玉区				
省份	示范点	春（夏）玉	小麦	水稻
新疆	伊犁 71 团、拜城	1 500 kg/ 亩		
	库车	800 ～ 850 kg/ 亩	650 ～ 700 kg/ 亩	
宁夏	中卫	1 500 kg/ 亩		
西藏	林芝	1 500 kg/ 亩		
华北平原：麦玉区				
省份	示范点	春（夏）玉	小麦	水稻
河北	邯郸（曲周）、沧州（吴桥）等	800 ～ 850 kg/ 亩	650 ～ 700 kg/ 亩	
山东	德州（齐河、平原、临邑等）	800 ～ 850 kg/ 亩	650 ～ 700 kg/ 亩	
河南	许昌（禹州）等	800 ～ 850 kg/ 亩	650 ～ 700 kg/ 亩	
黄淮北部：稻麦区				
省份	示范点	春（夏）玉	小麦	水稻
江苏	徐州（新沂）、宿迁（泗洪）、连云港等		600 kg/ 亩	900 kg/ 亩
安徽	蚌埠（五河）、阜阳（颍上）等		600 kg/ 亩	900 kg/ 亩

2. 重塑农业教育范式，创建多学科交叉创新人才培养模式，打造教育科技人才一体化发展新模式

绿色梦想“121”行动规划以农业绿色转型核心需求为导向，创新构建“实践育人、科研育人、产业育人”三位一体的复合型人才

培养模式，着力培育贯通“基础理论研究—关键技术突破—产品创新创制—区域示范推广”全链条的专业人才队伍。针对根际生命共同体基础理论研究，重点培育基础研究领域的拔尖人才；围绕绿色高产高效技术研发，培养应用基础研究方向的专业人才；聚焦绿色智能肥料产品创制，打造产品研发创新人才梯队；立足区域推广实践场景，培养技术推广与服务领域的应用型人才，实现人才培养与“121”行动各环节的精准匹配与深度融合。行动规划构建高校、科研院所、企业、农业合作组织多方协同的人才培养联合体，形成科研与教学深度融合、知识学习与实践应用有机结合的人才培养生态。通过资源共享、优势互补，打破学科与行业壁垒，为农业绿色发展提供坚实的智力支撑和人才保障。创新实施“问题导向、创新引领、项目支撑、国际协作、多学科融合”的分层分类培养体系，全面重塑农业教育生态。通过与全球顶尖涉农高校合作，引入国际优质教育资源，开展中外导师联合指导，打造“PIE”国际化高水平博士教育模式（即创新博士生高层次人才培养体系 PhD Program、做影响科技－产业－社会的高水平研究 Impact、创新教育理念与模式 Education），重点培养具有国际视野的拔尖创新人才。同时，深化校地、校企协同育人机制，推进“招生联合、课程共建、项目共研、实践共训”的一体化培养模式，推广“科技小院”特色育人品牌，构建“产业一线实践－实习实训锻炼－学位论文研究”的闭环培养体系，建立多元化评价机制，提升农业专业学位博士培养质量。此外，实施“博峯计划”，选拔具有科研潜力和学术志向的优秀本科推免生，组建院士创新班，配备高水平导师团队，整合顶尖科研平台与国际资源，定制个性化培养方案，打通本博贯通培养路径，建设农业领域领军人才培育高地（图 7–1）。

图 7-1　创新教育科技人才一体化示意图

3. 变革农业科研范式，在产业发展中创新科技，培育农业新质生产力，实现粮食安全、资源环境安全和农业绿色转型的协同，为全球可持续发展贡献中国方案

农业科研范式转型是驱动农业绿色高质量发展的核心引擎。面对现代农业复杂系统，传统以经验驱动、单一学科主导的科研模式已难以满足需求。绿色梦想"121"行动规划立足"问题导向、需求牵引"原则，锚定粮食安全与生态文明建设等国家战略目标，推动科研重心从学术导向向服务生产实践转型。通过整合生物、环境、信息等多学科资源，构建跨学科协同攻关机制，提升复杂农业问题的系统性解决能力；深度融合大数据、人工智能、物联网等前沿技术，搭建智慧农业科研平台，实现农业生产过程的精准模拟与智能调控；引入系统生物学、合成生物学等先进方法，从微观层面挖掘农业创新突破口。同时，深化政产学研用协同创新机制，破除创新链条壁垒，全面提升农业科研效能，为农业新质生产力注入强劲动能（图 7–2）。

绿色梦想"121"行动规划以根际生命共同体理论创新为基石，串联绿色高产高效技术突破、绿色智能肥料产品创新及区域推广应用全链条，以系统思维统筹农业全产业链发展，构筑国家粮食安全与农业绿色转型的双重保障体系。行动紧密对接国家粮食安全战略与"双碳"目标，实现粮食增产提质与资源高效利用、生态环境保护有机统一，通过"基础理论原始创新—关键技术系统突破—智能产品集群创制—区域模式全域推广"四级推进体系，打通从实验室到田间地头的创新转化通道，在保障粮食稳产增收的同时，显著降低农业面源污染，筑牢粮食安全与生态安全防线。

在创新生态构建方面，行动整合教育、科技、产业资源，推动

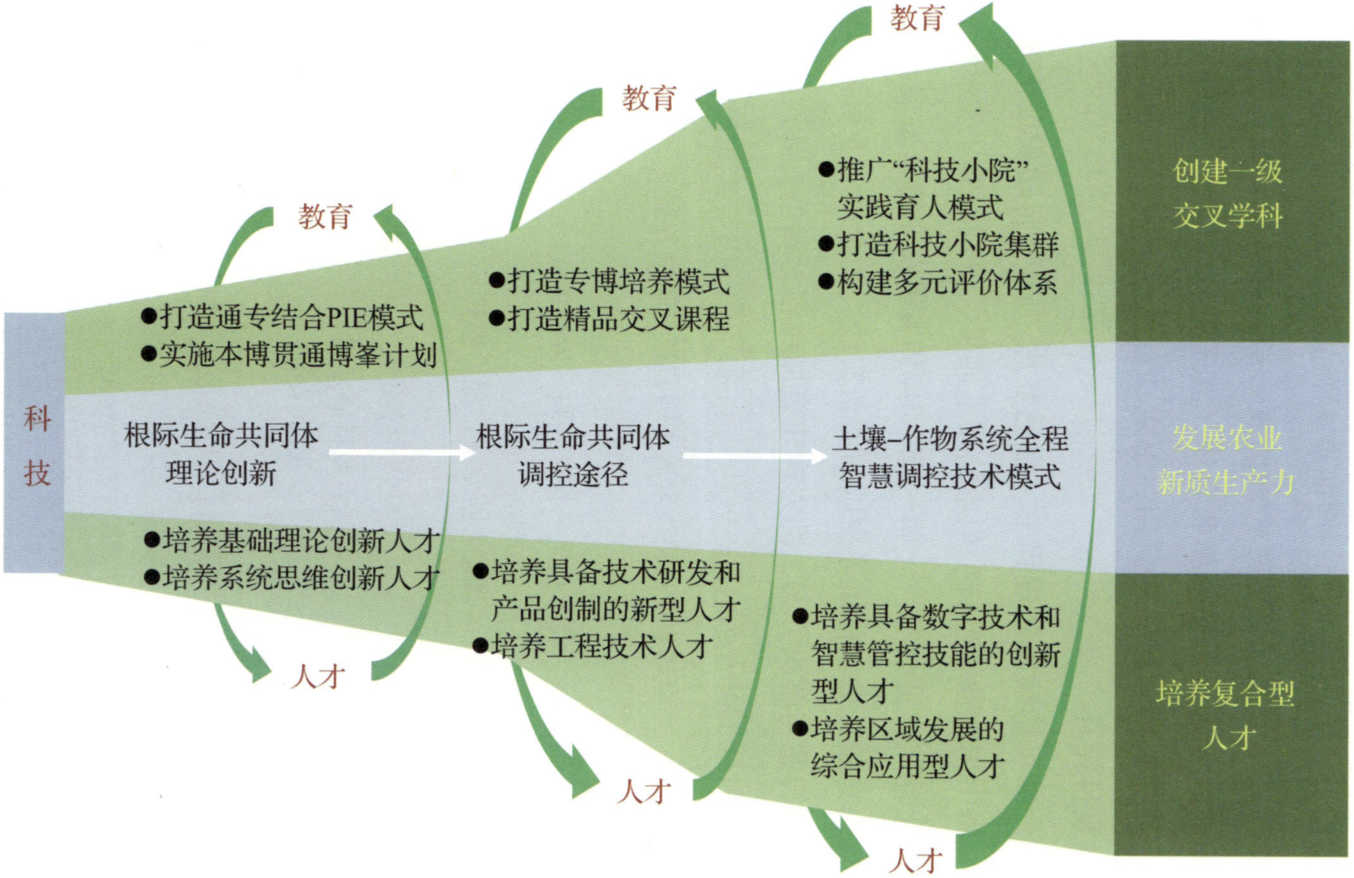

图 7-2　教育科技人才一体化创新路线与互动机制

教育链、创新链、产业链深度融合。依托科技小院等特色载体，打造"实践育人、科研育人、产业育人"三位一体的人才培养模式，培育既懂技术研发又能服务产业的复合型人才队伍；联合高校、科研院所、企业组建协同创新联合体，实现数据、设备、人才等资源共享，加速科研成果转化应用，形成"创新驱动发展、发展反哺创新"的良性循环。

在全球可持续发展进程中，绿色梦想"121"行动积极拓展国际合作，将中国农业绿色转型积累的技术成果、管理经验、发展模式进行标准化输出。通过与"一带一路"国家共建农业绿色发展示范区，分享智慧农业、生态种植等领域的创新实践，为全球农业可持续发展贡献中国智慧与解决方案，助力构建更加包容、绿色、高效的全球农业发展新图景（图 7–3）。

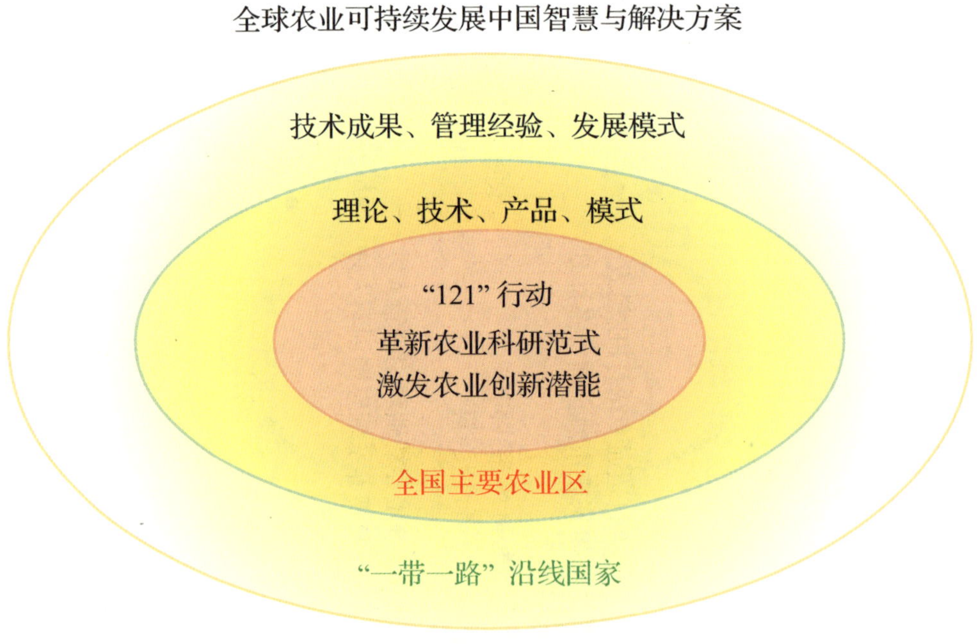

图 7–3 "121"行动的中国模式与国际样板

附录

附录 1 支撑“121”行动的有关协作网

1. 全国养分管理协作网
2. 根际生命共同体创新全国协作网
3. 全国绿色吨半粮协作网
4. 全国肥料产业联盟
5. 绿色智能肥料全国协作网
6. 农业绿色发展全国协作网
7. 全球农业绿色发展联盟
8. 全国科技小院协作网络
9. 全国农业绿色低碳学科群与实验室网络
10. 中国农业生态环境保护协会
11. 国家农业科技战略研究院–农业绿色发展学科领域科技战略研究中心
12. 中国农业绿色发展研究会–农业绿色低碳分会
13. 种养一体化全国协作网
14. 全国氮沉降协作网
15. 全国土壤酸化协作网
16. 土壤健康与耕地产能提升全国协作网
17. 提质增效全国协作网
18. 全国间套作协作网
19. 全国中微量元素协作网
20. 全国土壤生态及其合成生物学协作网
21. 全国镁营养研究协作网

附录2 农业绿色发展学科标志性进展

1. 2017年11月向中国农业大学提议成立农业绿色发展学院和国家农业绿色发展研究院，2018年1月校长办公会同意，于2018年7月正式揭牌成立中国农业大学农业绿色发展学院和国家农业绿色发展研究院。

2. 2018年4月召开第一届农业绿色发展国际会议，成立农业绿色发展国际联盟。

3. 2019年5月“农业绿色发展”入选北京高校高精尖学科。

4. 2022年2月农业农村部农业绿色低碳学科群与农业绿色低碳重点实验室获批。

5. 2022年7月教育部正式批复“农业绿色发展科学与工程”一级交叉学科博士学位授权点建设。

6. 2022年7月出版专著《中国农业绿色发展理论与实践》，形成农业绿色发展系统交叉界面创新理论框架：①水－土－气界面物质交换与生态涵养功能；②植物－土壤界面物质代谢耦合机制与资源高效；③植物－动物系统界面物质循环与环境减排；④生产－消费系统界面营养物质的互作机制、调控途径以及系统研究思路和曲周县域、洱海流域典型研究布局。

7. 基于两个战略咨询项目：县域农业绿色发展战略与路径、全产业链融合绿色发展战略与路径，提出了农业绿色发展四大板块内涵：①绿色作物生产；②绿色种养一体化；③绿色产品与产业；④绿色生态环境。明确了农业绿色发展的五大特点：多目标协同、多主体参与、多过程耦合、多学科交叉、全产业链提升和全域落地实现。

8. 2023 年 5 月习近平总书记给中国农业大学科技小院的同学们回信，高度肯定“深入田间地头和村屯农家，在服务乡村振兴中解民生、治学问”的模式。

9. 2023 年 7 月“面向农业绿色发展的知农爱农新型人才培养体系构建与实践”被评为 2022 年国家级教学成果特等奖（研究生教育领域唯一特等奖）；2024 年 9 月，张福锁作为全国教育系统先进集体和先进个人表彰活动代表，在全国教育大会受到党和国家领导人习近平、李强、蔡奇、丁薛祥等接见。

10. 科技小院服务国家教育科技人才一体化：2024—2025 年科技小院连续两年写入中央一号文件；2022—2024 年科技小院研究生培养模式连续三年入选“中国研究生教育十大热点”；科技小院被写入省部级以上文件 50 余次。

11. 2018 年 11 月中荷农业绿色发展交叉创新型人才培养项目答辩通过，三年 90 名“1+3”和“2+2”模式博士生联合培养启动。2022 年 12 月第二期 30 名博士生项目启动。2019 年中非科技小院留学生“1+1+1”项目启动。2024 年 9 月中国农业大学 - 马拉维科技大学“科技小院非洲中心”成立。

12. 2023 年 12 月绿色低碳二级学科获批；2025 年 4 月中国农业绿色发展研究会农业绿色低碳分会成立。

附录3　代表性著作与论文

中文著作

李振声，朱兆良，章申，等，2004. 挖掘生物高效利用土壤养分潜力保持土壤环境良性循环 . 北京：中国农业大学出版社 .

张福锁，申建波，冯固，2009. 根际生态学——过程与调控 . 北京：中国农业大学出版社 .

朱兆良，张福锁，2010. 主要农田生态系统氮素行为与氮肥高效利用的基础研究 . 北京：科学出版社 .

米国华，陈范骏，张福锁，2012. 作物养分高效的生理基础与遗传改良 . 北京：中国农业出版社 .

张福锁，范明生，2013. 主要粮食作物高产栽培与资源高效利用的基础研究 . 北京：中国农业出版社 .

李晓林，张福锁，米国华，2000. 平衡施肥与可持续优质蔬菜生产 . 北京：中国农业大学出版社 .

张福锁，2006. 测土配方施肥技术要览 . 北京：中国农业大学出版社 .

江荣风，杜森，2007. 首届全国测土配方施肥技术研讨会论文集 . 北京：中国农业大学出版社 .

江荣风，杜森，2007. 第二届全国测土配方施肥技术研讨会论文集 . 北京：中国农业大学出版社 .

江荣风，杜森，2009. 第三届全国测土配方施肥技术研讨会论文集 . 北京：中国农业大学出版社 .

张福锁，陈新平，陈清，2009. 中国主要作物施肥指南 . 北京：中国农

业出版社 .

张福锁 , 2011. 测土配方施肥技术 . 北京 : 中国农业大学出版社 .

张福锁 , 陈新平 , 吴良泉 , 2016. 中国三大粮食作物区域大配方与施肥建议 . 北京 : 中国农业出版社 .

张福锁 , 张卫峰 , 马文奇 , 2007. 中国化肥产业技术与展望 . 北京 : 化学工业出版社 .

张福锁 , 2008. 我国肥料产业与科学施肥战略研究报告 . 北京 : 中国农业大学出版社 .

张卫峰 , 张福锁 2013. 中国肥料发展研究报告 . 北京 : 中国农业大学出版社 .

张福锁 , 易俊杰 , 张卫峰 , 2017. 中国肥料发展研究报告 2016. 北京 : 中国农业大学出版社 .

张福锁 , 黄成东 , 张卫峰 , 2021. 科学认识化肥：粮食的“粮食”. 北京 : 中国农业大学出版社 .

张福锁 , 2003. 养分资源综合管理 . 北京 : 中国农业大学出版社 .

张福锁 , 马文奇 , 陈新平 , 2006. 养分资源综合管理理论与技术概论 . 北京 : 中国农业大学出版社 .

张福锁 , 2006. 养分资源综合管理技术研究与应用 . 北京 : 中国农业大学出版社 .

陈新平 , 张福锁 , 2006. 小麦 – 玉米轮作体系养分资源综合管理理论与实践 . 北京 : 中国农业大学出版社 .

申建波 , 张福锁 , 2006. 水稻养分资源综合管理理论与实践 . 北京 : 中国农业大学出版社 .

李春俭 , 张福锁 , 2006. 烤烟养分资源综合管理理论与实践 . 北京 : 中国农业大学出版社 .

陈清 , 张福锁 , 2007. 蔬菜养分资源综合管理理论与实践 . 北京 : 中国农业大学出版社 .

姜远茂，张宏彦，张福锁，2007. 北方落叶果树养分资源综合管理理论与实践. 北京：中国农业大学出版社.

郭世伟，吴良欢，沈其荣，2007. 中国覆盖旱作水稻理论与实践. 北京：中国农业大学出版社.

张福锁，2008. 协调作物高产与环境保护的养分资源综合管理技术研究与应用. 北京：中国农业大学出版社.

张福锁，2010. 主要作物高产高效技术规程. 北京：中国农业大学出版社.

张福锁，崔振岭，陈新平，2010. 最佳养分管理技术列单. 北京：中国农业大学出版社.

张福锁，崔振岭，陈新平，2012. 高产高效养分管理技术. 北京：中国农业大学出版社.

张福锁，2012. 高产高效现代农业之路探索——中国农业大学吉林梨树基地“农户玉米高产高效竞赛”纪实. 北京：中国农业大学出版社.

张福锁，张宏彦，2016. 作物绿色增产增效技术模式. 北京：中国农业大学出版社.

张福锁，张朝春，2017. 高产高效养分管理技术创新与应用. 北京：中国农业大学出版社.

张福锁，李春俭，2021. 镁营养及其对作物产量和品质的影响. 北京：中国农业大学出版社.

张福锁，范明生，2024. 作物高产高效群体与关键生态因子的匹配及其调控. 北京：中国农业大学出版社.

张福锁，张宏彦，2016. 中国现代农业科技小院. 北京：中国农业大学出版社.

张福锁，2021. 中国科技之路农业卷农为邦本. 北京：中国农业出版社.

张福锁，2021. 决胜有我：科技小院谱写脱贫攻坚新篇章. 北京：金城出版社.

张福锁，2022. 产业振兴：科技小院助力产业兴农新时代 . 北京：金城出版社 .

张福锁，张东军，2023. 新时代 新模式 新样板：北京统农科技小院乡村振兴实践探索 . 北京：金城出版社 .

张福锁，2023. 科技小院操作手册 . 北京：金城出版社 .

陈新平，2022. 长江经济带农业绿色发展：挑战与行动 . 北京：科学出版社 .

张福锁，申建波，朱齐超，2022. 中国农业绿色发展理论与实践 . 北京：中国农业大学出版社 .

农业绿色发展——FASE 专辑

Lambers H, Yuan L, Liu X, 2019. Sustainable Phosphorus Use in Agri-Food System. Frontiers of Agricultural Science and Engineering, 6(4).

Davies W， Shen J, 2020. Agriculture Green Development. Frontiers of Agricultural Science and Engineering, 7(1).

Zhang J, Zhang F, 2020. Healthy Soil for Healthy Food. Frontiers of Agricultural Science and Engineering, 7(2).

Dakora F, Jiao X, 2020. Agriculture Green Development in Africa. Frontiers of Agricultural Science and Engineering, 7(4).

Oenema O, Hou Y, 2021. Integrating Crop and Livestock Production Systems. Frontiers of Agricultural Science and Engineering, 8(1).

Li L, van der Werf W, 2021. Crop Diversity and Sustainable Agriculture. Frontiers of Agricultural Science and Engineering, 8(3).

Cong W, 2022. Sustainable Crop and Pasture Systems. Frontiers of Agricultural Science and Engineering, 9(2).

de Vries W, Liu X, Yuan L, 2022. Progress on Nitrogen Research from Soil to Plant and to the Environment. Frontiers of Agricultural Science and

Engineering, 9(3).

Wang C, 2022. Methodology of Systematic Research on Smallholders. Frontiers of Agricultural Science and Engineering, 9(4).

Tian J, Goulding K, Liu X, 2023. Carbon Neutrality and a Low Carbon Economy for Agriculture. Frontiers of Agricultural Science and Engineering, 10(2).

Xu W, Zhang J, Yang L, Liu X, 2023. Non-Point Source Pollution Control and Agricultural Green Development. Frontiers of Agricultural Science and Engineering, 10(4).

Davies W, Shen J, 2024. Agriculture Green Development in China: insights and Advances. Frontiers of Agricultural Science and Engineering, 11(1).

Wang G, Zhu Q, Zhang J, 2024. Soils for Food Security. Frontiers of Agricultural Science and Engineering, 11(2).

Zhang L, Yuan L, 2025. Rhizobiont for High Nutrient Use Efficiency. Frontiers of Agricultural Science and Engineering, 12(1).

期刊论文

An Z, Yang Y, Yang X, Ma W, Jiang W, Li Y, Chen G, Zhang W, Zhuang M, Wang C, Zhang F, 2024. Promoting sustainable smallholder farming via multistakeholder collaboration. Proceedings of the National Academy of Sciences of the United States of America, 121:e2319519121.

Bai Z, Ma L, Jin S, Ma W, Velthof G, Oenema O, Liu L, Chadwick D, Zhang F, 2016. Nitrogen phosphorus and potassium flows through the manure management chain in China. Environmental Science Technology, 50:13409–13418.

Bai Z, Ma L, Qin W, Chen Q, Oenema O, Zhang F, 2014. Changes in pig production in China and their effects on nitrogen and phosphorus use and losses. Environmental Science Technology, 48:12742–12749.

Bai Z, Ma W, Ma L, Velthof G, Wei Z, Havlík P, Oenema O, Lee M, Zhang F, 2018. China's livestock transition: driving forces, impacts, and consequences. Science Advances, 4:eaar8534.

Brooker R, Bennett A, Cong W, Daniell T, George T, Hallett P, Hawes C, Iannetta P, Jones H, Karley A, McKenzie B, Pakeman R, Paterson E, Schöb C, Shen J, Squire G, Watson C, Zhang C, Zhang F, Zhang J, White P, 2015. Improving intercropping: a synthesis of research in agronomy, plant physiology and ecology. New Phytologist, 206:107–117.

Cao H, Liu Z, Guo J, Jia Z, Shi Y, Kang K, Peng W, Wang Z, Chen L, Neuhaeuser B, Wang Y, Liu X, Hao D, Yuan L, 2024. ZmNRT1.1B (ZmNPF6.6) determines nitrogen use efficiency via regulation of nitrate transport signalling in maize. Plant Biotechnology Journal, 22:316–329.

Chen F, Liu J, Liu Z, Chen Z, Ren W, Gong X, Wang L, Cai H, Pan Q, Yuan L, Zhang F, Mi G, 2021. Breeding for high-yield and nitrogen use efficiency in maize: Lessons from comparison between Chinese and US cultivars. Advances in Agronomy, 166:251–275.

Chen X, Chen F, Chen Y, Gao Q, Yang X, Yuan L, Zhang F, Mi G, 2013. Modern maize hybrids in Northeast China exhibit increased yield potential and resource use efficiency despite adverse climate change. Global Change Biology, 19:923–936.

Chen X, Cui Z, Fan M, Vitousek P, Zhao M, Ma W, Wang Z, Zhang W, Yan X, Yang J, Deng X, Gao Q, Zhang Q, Guo S, Ren J, Li S, Ye Y, Wang Z, Huang J, Tang Q, Sun Y, Peng X, Zhang J, He M, Zhu Y, Xue J, Wang G, Wu L, An N, Wu L, Ma L, Zhang W, Zhang F, 2014. Producing more grain with lower environmental costs. Nature, 514:486–489.

Cui Z, Yue S, Wang G, Meng Q, Wu L, Yang Z, Zhang Q, Li S, Zhang F, Chen X, 2013. Closing the yield gap could reduce projected greenhouse gas emissions: a case study of maize production in China. Global Change Biology, 19:2467–2477.

Cui Z, Zhang H, Chen X, Zhang C, Ma W, Huang C, Zhang W, Mi G, Miao Y, Li X, Gao Q, Yang J, Wang Z, Ye Y, Guo S, Lu J, Huang J, Lv S, Sun Y, Liu Y, Peng X, Ren J, Li S, Deng X, Shi X, Zhang Q, Yang Z, Tang L, Wei C, Jia L, Zhang J, He M, Tong Y, Tang Q, Zhong X, Liu Z, Cao N, Kou C, Ying H, Yin Y, Jiao X, Zhang Q, Fan M, Jiang R, Zhang F, Dou Z, 2018. Pursuing sustainable productivity with millions of smallholder farmers. Nature, 555:363–366.

Duan S, Feng G, Limpens E, Bonfante P, Xie X, Zhang L, 2024. Cross-kingdom nutrient exchange in the plant-arbuscular mycorrhizal fungus-bacterium continuum. Nature Reviews Microbiology, 22:773–790.

Fan M, Shen J, Yuan L, Jiang R, Chen X, Davies W, Zhang F, 2012. Improving crop productivity and resource use efficiency to ensure food security and environmental quality in China. Journal of Experimental Botany, 63:13–24.

Fang Q, Zhang X, Dai G, Tong B, Wang H, Oenema O, van Zanten H, Gerber P, Hou Y, 2023. Low-opportunity-cost feed can reduce land-use-related environmental impacts by about one-third in China. Nature Food, 4:677–688.

Feng S, Wang M, Heal M, Liu X, Liu X, Zhao Y, Strokal M, Kroeze C, Zhang F, Xu W, 2024. The impact of emissions controls on atmospheric nitrogen inputs to Chinese river basins highlights the urgency of ammonia abatement. Science Advances, 10:eadp2558.

Guo J, Liu X, Zhang Y, Shen J, Han W, Zhang W, Christie P, Goulding K, Vitousek P, Zhang F, 2010. Significant acidification in major Chinese croplands. Science, 327:1008–1010.

Haygarth P, Jarvie H, Powers S, Sharpley A, Elser J, Shen J, Peterson H, Chan N, Howden N, Burt T, Worrall F, Zhang F, Liu X, 2014. Sustainable phosphorus management and the need for a long-term perspective: the legacy hypothesis. Environmental Science Technology, 48:8417–8419.

Hinsinger P, Betencourt E, Bernard L, Brauman A, Plassard C, Shen J, Tang X, Zhang F, 2011. P for two, sharing a scarce resource: soil phosphorus acquisition in the rhizosphere of intercropped species. Plant Physiology, 156:1078–1086.

Hui J, An X, Li Z, Neuhaeuser B, Ludewig U, Wu X, Schulze W, Chen F, Feng G, Lambers H, Zhang F, Yuan L, 2022. The mycorrhiza-specific ammonium transporter ZmAMT3;1 mediates mycorrhiza-dependent nitrogen uptake in maize roots. Plant Cell, 34:4066–4087.

Jia Z, Giehl R, Hartmann A, Estevez J, Bennett M, von Wirén N, 2023. A spatially concerted epidermal auxin signaling framework steers the root hair foraging response under low nitrogen. Current Biology, 33:3926–3941.

Jiao X, Lyu Y, Wu X, Li H, Cheng L, Zhang C, Yuan L, Jiang R, Jiang B, Rengel Z, Zhang F, Davies W, Shen J, 2016. Grain production versus resource and environmental costs: towards increasing sustainability of nutrient use in China. Journal of Experimental Botany, 67:4935–4949.

Ju X, Xing G, Chen X, Zhang S, Zhang L, Liu X, Cui Z, Yin B, Christie P, Zhu Z, Zhang F, 2009. Reducing environmental risk by improving N management in intensive Chinese agricultural systems. Proceedings of the National Academy of Sciences of the United States of America, 106:3041–3046.

Kang J, Wang J, Heal M, Goulding K, de Vries W, Zhao Y, Feng S, Zhang X, Gu B, Niu X, Zhang H, Liu X, Cui Z, Zhang F, Xu W, 2023. Ammonia mitigation campaign with smallholder farmers improves air quality while ensuring high cereal production. Nature Food, 4:751–761.

Li C, Hoffland E, Kuyper T, Yu Y, Zhang C, Li H, Zhang F, van der Werf W, 2020. Syndromes of production in intercropping impact yield gains. Nature Plants, 6:653–660.

Li C, Lambers H, Jing J, Zhang C, Bezemer T, Klironomos J, Cong W, Zhang F, 2024. Belowground cascading biotic interactions trigger crop diversity benefits. Trends in Plant Science, 29:1191–1202.

Li C, Stomph T, Makowski D, Li H, Zhang C, Zhang F, van der Werf W,

2023. The productive performance of intercropping. Proceedings of the National Academy of Sciences of the United States of America, 120:e2201886120.

Li X, Zhao R, Li D, Wang G, Bei S, Ju X, An R, Li L, Kuyper T, Christie P, Bender F, Veen C, van der Heijden M, van der Putten W, Zhang F, Butterbach-Bahl K, Zhang J, 2023. Mycorrhiza-mediated recruitment of complete denitrifying Pseudomonas reduces N_2O emissions from soil. Microbiome, 11:45.

Li Y, Zhang Q, Baartman J, van Wijnen J, Beriot N, Kroeze C, Wang M, Xu W, Ma L, Wang K, Zhang F, Strokal M, 2023. The plastic age: river pollution in China from crop production and urbanization. Environmental Science Technology, 57:12019-12032.

Liu B, Guo C, Xu J, Zhao Q, Chadwick D, Gao X, Zhou F, Lakshmanan P, Wang X, Guan X, Zhao H, Fang L, Li S, Bai Z, Ma L, Chen X, Cui Z, Shi X, Zhang F, Chen X, Li Z, 2024. Co-benefits for net carbon emissions and rice yields through improved management of organic nitrogen and water. Nature Food, 5:241-250.

Liu X, Vitousek P, Chang Y, Zhang W, Matson P, Zhang F, 2016. Evidence for a historic change occurring in China. Environmental Science Technology, 50:505-506.

Liu, X, Zhang Y, Han W, Tang A, Shen J, Cui Z, Vitousek P, Erisman J, Goulding K, Christie P, Fangmeier A, Zhang F, 2013. Enhanced nitrogen deposition over China. Nature, 494:459-462.

Long W, Wang H, Hou Y, Chadwick D, Ma Y, Cui Z, Zhang F, 2021. Mitigation of multiple environmental footprints for China's pig production using different land use strategies. Environmental Science Technology, 55:4440-4451.

Lu Y, Jenkins A, Ferrier R, Bailey M, Gordon I, Song S, Huang J, Jia S, Zhang F, Liu X, 2015. Addressing China's grand challenge of achieving food security while ensuring environmental sustainability. Science Advances, 1:e1400039.

Ma L, Wang F, Zhang W, Ma W, Velthof G, Qin W, Oenema O, Zhang F, 2013. Environmental assessment of management options for nutrient flows in the food chain in China. Environmental Science Technology, 47:7260–7268.

Ma Y, Woolf D, Fan M, Qiao L, Li R, Lehmann J, 2023. Global crop production increase by soil organic carbon. Nature Geoscience, 16:1159–1165.

Mi G, Chen F, Yuan L, Zhang F, 2016. Ideotype root system architecture for maize to achieve high yield and resource use efficiency in intensive cropping systems. Advances in Agronomy, 139:73–97.

Powers S, Bruulsema T, Burt T, Chan N, Elser J, Haygarth P, Howden N, Jarvie H, Yang L, Peterson H, Sharpley A, Shen J, Worrall F, Zhang F, 2016. Long–term accumulation and transport of anthropogenic phosphorus in three river basins. Nature Geoscience, 9:353–356.

Qiao L, Wang X, Smith P, Fan J, Lu Y, Emmett B, Li R, Dorling S, Chen H, Liu S, Benton T, Wang Y, Ma Y, Jiang R, Zhang F, Piao S, Mueller C, Yang H, Hao Y, Li W, Fan M, 2022. Soil quality both increases crop production and improves resilience to climate change. Nature Climate Change, 12:574.

Ren W, Zhao L, Liang J, Wang L, Chen L, Li P, Liu Z, Li X, Zhang Z, Li J, He K, Zhao Z, Ali F, Mi G, Yan J, Zhang F, Chen F, Yuan L, Pan Q, 2022. Genome–wide dissection of changes in maize root system architecture during modern breeding. Nature Plants, 8:1408–1422.

Shen J, Li C, Mi G, Li L, Yuan L, Jiang R, Zhang F, 2013. Maximizing root/rhizosphere efficiency to improve crop productivity and nutrient use efficiency in intensive agriculture of China. Journal of Experimental Botany, 64:1181–1192.

Shen J, Yuan L, Zhang J, Li H, Bai Z, Chen X, Zhang W, Zhang F, 2011. Phosphorus dynamics: from soil to plant. Plant Physiology, 156:997–1005.

Sun J, Mooney H, Wu W, Tang H, Tong Y, Xu Z, Huang B, Cheng Y, Yang X, Wei D, Zhang F, Liu J, 2018. Importing food damages domestic environment: Evidence from global soybean trade. Proceedings of the National Academy of

Sciences of the United States of America, 115:5415–5419.

Teng J, Hou R, Dungait J, Zhou G, Kuzyakov Y, Zhang J, Tian J, Cui Z, Zhang F, Delgado–Baquerizo M, 2024. Conservation agriculture improves soil health and sustains crop yields after long–term warming. Nature Communications, 15:8785.

Tian J, Dungait J, Hou R, Deng Y, Hartley I, Yang Y, Kuzyakov Y, Zhang F, Cotrufo M, Zhou J, 2024. Microbially mediated mechanisms underlie soil carbon accrual by conservation agriculture under decade–long warming. Nature Communications, 15:377.

Vitousek P, Naylor R, Crews T, David M, Drinkwater L, Holland E, Johnes P, Katzenberger J, Martinelli L, Matson P, Nziguheba G, Ojima D, Palm C, Robertson G, Sanchez P, Townsend A, Zhang F, 2009. Nutrient imbalances in agricultural development. Science, 324:1519–1520.

Wang G, Schultz P, Tipton A, Zhang J, Zhang F, Bever J, 2019. Soil microbiome mediates positive plant diversity - productivity relationships in late successional grassland species. Ecology Letters, 22:1221–1232.

Wang N, Wang T, Chen Y, Wang M, Lu Q, Wang K, Dou Z, Chi Z, Qiu W, Dai J, Niu L, Cui J, Wei Z, Zhang F, Kuemmerli R, Zuo Y, 2024. Microbiome convergence enables siderophore–secreting–rhizobacteria to improve iron nutrition and yield of peanut intercropped with maize. Nature Communications, 15:839.

Wang R, Zhong Y, Han J, Huang L, Wang Y, Shi X, Li M, Zhuang Y, Ren W, Liu X, Cao H, Xin B, Lai J, Chen L, Chen F, Yuan L, Wang Y, Li X, 2024. NIN–LIKE PROTEIN3.2 inhibits repressor Aux/IAA14 expression and enhances root biomass in maize seedlings under low nitrogen. The Plant Cell, 36:4388–4403.

Wang X, Cheng L, Xiong C, Whalley W, Miller A, Rengel Z, Zhang F, Shen J, 2024. Understanding plant–soil interactions underpins enhanced sustainability of crop production. Trends in Plant Science, 29:1181–1190.

Wang X, Dou Z, Feng S, Zhang Y, Ma L, Zou C, Bai Z, Lakshmanan P, Shi X, Liu D, Zhang W, Deng Y, Zhang W, Chen X, Zhang F, Chen X, 2023. Global food nutrients analysis reveals alarming gaps and daunting challenges. Nature Food, 4:1007–1017.

Wang X, Whalley R, Miller A, White P, Zhang F, Shen J, 2020. Sustainable cropping requires adaptation to a heterogeneous rhizosphere. Trends in Plant Science, 25:1194–1202.

Wang Z, Yin Y, Wang Y, Tian X, Ying H, Zhang Q, Xue Y, Oenema O, Li S, Zhou F, Du M, Ma L, Batchelor W, Zhang F, Cui Z, 2023. Integrating crop redistribution and improved management towards meeting China's food demand with lower environmental costs. Nature Food, 3:1031–1039.

Wen Z, Ma X, Xu W, Si R, Liu L, Ma M, Zhao Y, Tang A, Zhang Y, Wang K, Zhang Y, Shen J, Zhang L, Zhao Y, Zhang F, Goulding K, Liu X, 2024. Combined short-term and long-term emission controls improve air quality sustainably in China. Nature Communications, 15:5169.

Xu W, Zhao Y, Wen Z, Chang Y, Pan Y, Sun Y, Ma X, Sha Z, Li Z, Kang J, Liu L, Tang A, Wang K, Zhang Y, Guo Y, Zhang L, Sheng L, Zhang X, Gu B, Song Y, Van Damme M, Clarisse L, Coheur P, Collett J, Goulding K, Zhang F, He K, Liu X, 2022. Increasing importance of ammonia emission abatement in $PM_{2.5}$ pollution control. Science Bulletin: 67:1745–1749.

Xu Z, Gao X, Li G, Nghiem L, Luo W, Zhang F, 2024. Microbial sources and sinks of nitrous oxide during organic waste composting. Environmental Science Technology, 58:7367–7379.

Yin Y, Zhao R, Yang Y, Meng Q, Ying H, Cassman K, Cong W, Tian X, He K, Wang Y, Cui Z, Chen X, Zhang F, 2021. A steady-state N balance approach for sustainable smallholder farming. Proceedings of the National Academy of Sciences of the United States of America, 118:e2106576118.

You L, Ros G, Chen Y, Shao Q, Young M, Zhang F, de Vries W, 2023.

Global mean nitrogen recovery efficiency in croplands can be enhanced by optimal nutrient, crop and soil management practices. Nature Communications, 14:5747.

You L, Ros G, Chen Y, Zhang F, de Vries W, 2024. Optimized agricultural management reduces global cropland nitrogen losses to air and water. Nature Food, 5:995–1004.

Zai X, Cordovez V, Zhu F, Zhao M, Diao X, Zhang F, Raaijmakers J, Song C, 2024. C4 cereal and biofuel crop microbiomes. Trends in Microbiology, 32:1119–1131.

Zhang F, Chen X, Vitousek P, 2013. An experiment for the world. Nature, 497:33–35.

Zhang F, Cui Z, Chen X, Ju X, Shen J, Chen Q, Liu X, Zhang W, Mi G, Fan M, Jiang R, 2012. Integrated nutrient management for food security and environmental quality in China. Advances in Agronomy, 116:1–40.

Zhang F, Shen J, Zhang J, Zuo Y, Li L, Chen X, 2010. Rhizosphere processes and management for improving nutrient use efficiency and crop productivity: implications for China. Advances in Agronomy, 107:1–32.

Zhang K, Rengel Z, Zhang F, White P, Shen J, 2022. Rhizosphere engineering for sustainable crop production: entropy–based insights. Trends in Plant Science, 28:390–398.

Zhang K, Rengel Z, Zhang F, White P, Shen J, 2023. Rhizosphere engineering for sustainable crop production: entropy–based insights. Trends in Plant Science, 28:390–398.

Zhang L, Xu M, Liu Y, Zhang F, Hodge A, Feng G, 2016. Carbon and phosphorus exchange may enable cooperation between an arbuscular mycorrhizal fungus and a phosphate-solubilizing bacterium. New Phytologist, 210:1022–1032.

Zhang W, Cao G, Li X, Zhang H, Wang C, Liu Q, Chen X, Cui Z, Shen J, Jiang R, Mi G, Miao Y, Zhang F, Dou Z, 2016. Closing yield gaps in China by empowering smallholder farmers. Nature, 537:671.

Zhang W, Dou Z, He P, Ju X, Powlson D, Chadwick D, Norse D, Lu Y, Zhang Y, Wu L, Chen X, Cassman K, Zhang F, 2013. New technologies reduce greenhouse gas emissions from nitrogenous fertilizer in China. Proceedings of the National Academy of Sciences of the United States of America, 110:8375–8380.

Zhao S, Schmidt S, Gao H, Li T, Chen X, Hou Y, Chadwick D, Tian J, Dou Z, Zhang W, Zhang F, 2022. A precision compost strategy aligning composts and application methods with target crops and growth environments can increase global food production. Nature Food, 3:741–752.

Zheng C, Ji B, Zhang J, Zhang F, Bever J, 2015. Shading decreases plant carbon preferential allocation towards the most beneficial mycorrhizal mutualist. New Phytologist, 205:361–368.

Zhong Y, Wang Y, Pan X, Wang R, Li D, Ren W, Hao Z, Shi X, Guo J, Ramarojaona E, Schilder M, Bouwmeester H, Chen L, Yu P, Yan J, Chu J, Xu Y, Liu W, Dong Z, Wang Y, Zhang X, Zhang F, Li X, 2024. ZmCCD8 regulates sugar and amino acid accumulation in maize kernels via strigolactone signalling. Plant Biotechnology Journal, 23:492–508.

附录4　养分资源利用与农业绿色发展团队简介

中国农业大学资源与环境学院/中国农业大学国家农业绿色发展研究院养分资源利用与农业绿色发展团队历史可追溯至20世纪中叶北京农业大学彭克明教授创立的土壤农化系农业化学教研组。在此基础上，中国农业大学资源与环境学院于1992年4月创建植物营养系。团队继承了第一代农业化学家彭克明教授和李酉开教授半个多世纪奠定的肥料与施肥科学和农业化学测试技术相结合的学科特色，经过毛达如教授、曹一平教授等科学家的发展，在中国工程院院士张福锁教授以及李晓林教授、江荣风教授的带领下，于2018年7月22日率先成立了中国农业大学国家农业绿色发展研究院。目前，在新生代青年代表侯勇教授、丛汶峰教授、张林教授、许稳教授、贾中涛教授等的不懈努力下，团队形成了"学科高原-方向高峰-团队作战"的有组织科研模式，不断继承发扬老一辈科学家"科学为民"的精神，瞄准国际科技前沿与国家重大战略需求开展突破创新。

团队聚焦协同实现粮食安全、资源高效和环境保护国家重大需求，致力于多学科交叉、多目标协同、多界面突破、多系统贯通、多主体融合，秉持"从生产中来，到生产中去"的科研理念，在生产一线创新科技、服务社会、培养人才，构建了"发现生产问题-理论创新-技术突破-产品创制-模式推广"五位一体的创新路径，有力地推动了全国测土配方施肥、化肥零增长、有机肥替代、耕地质量提升、提质增效和农业绿色转型等国家行动，在黄淮海中低产田改良、大面积作物高产施肥、养分资源高效利用、作物高产高效、根际过程与调控、根际生命共同体理论创新、绿色智能肥料创制等方面做出了重要贡献，为全球农业可持续发展贡献了中国智慧与方案。团队成员先后获国家自然科学奖二等奖 1 项、国家科学技术进步奖二等奖 1 项，在 *Nature*、*Science* 及其子刊和 PNAS 等期刊发表论文 30 余篇，成果入选 2014 年度“中国科学十大进展”、2018 年度“中国高等学校十大科技进展”“2024 年农业重大引领性技术”和“农业农村部 2024 年度农业主推技术”，形成了既能解决生产问题，又能引领科学前沿的“立地顶天”科研范式。

团队传承“责任、奉献、科学、为民”的“曲周精神”，首创科技小院模式，获习近平总书记回信肯定，受邀作为全国教育系统先进集体和先进个人表彰活动代表，在全国教育大会受到党和国家领导人接见。依托科技小院创建的“面向农业绿色发展的知农爱农新型人才培养体系构建与实践”荣获高等教育（研究生）国家级教学成果奖特等奖。科技小院模式连续两次写入中央一号文件，连续三年入选“中国研究生教育十大热点”，中国农业大学科技小院团队获“全国三八红旗集体”“中国国际大学生创新大赛金奖”“脱贫攻坚奖创新奖”“全国创新争先奖牌”和“中国青年五四奖章”等荣誉。健全和深化“T”字形人才培养模式，以多学科交叉融合为抓手，依托河北曲周、云南洱海国家农业绿色发展先行示范区和中荷、中德等国际合作项目，围绕农业绿色发展全产业链系统与界面交叉创新，构建了以国家农业绿色转型为目标的国际化高层次人才培养“PIE”模式，培养“交叉创新”“全产业链系统解决方案”“借助外智解决中国问题”的新时代农业绿色发展高层次人才。

目前，“养分资源利用与农业绿色发展团队”有专任教师 54 人（其中教授 29 人，副教授 25 人），曾入选第三批“全国高校黄大年式教师团队”，“植物营养与绿色发展团队”曾入选“北京高校优秀本科育人团队”。团队拥有养分资源高效利用全国重点实验室、河北曲周农业绿色发展国家野外科学观测研究站、国家盐碱地综合利用技术创新中心-华北插花盐碱地分中心、植物-土壤相互作用教育部重点实验室、河北曲周绿色农业教育部野外科学观测研究站、河北省曲周县国家农业绿色发展先行区、国家现代农业科技示范展示基地（曲周）、全国粮食安全宣传教育基地、国家农业绿色发展长期固定观测曲周试验站、农业农村部农业绿色低碳重点实验室、国家农业科学曲周观测实验站等国家级/省部级研究平台11个。

面向未来农业绿色发展，团队规划实施绿色梦想“121”行动，即：创新1套理论——根际生命共同体理论、取得2个突破——绿色高产高效技术创新与绿色智能肥料产品创新、实现1大变革——绿色高产高效区域实现。通过“多学科交叉、多目标协同、多界面互作、多主体参与”的模式引领全国和全球农业绿色发展。